夢をかなえるノート術

MY NOTEBOOK TO MAKE MY DREAM COME TRUE

ブログ「ミニマリスト日和」
おふみ

X-Knowledge

はじめに

はじめまして。おふみと申します。

気づけばノートをつけ始めて20年が経ちました。
小学生の頃には願い事を書くノート。
中学生になると服のコーディネートを考えたり、
大学に入ってからは、頭の中のことを書き出して
自分を見つめる手がかりにしたり。

2015年1月1日からは
ほぼ日手帳を使い始めました。
思い返せばその日を境に、
人生が加速した気がします。

「できたらいいな」と思うことをただ書いてきた
だけですが、気づけば叶っていた夢が、
ノートの中にはたくさんあります。

理由はノートだけではないかもしれない。
でも、したいと書くことで
自分の意識が向かっていく、
チャンスに反応するアンテナが育っていく、
そんな感覚をもっています。

同じ年の2月20日に書いた
「身軽になりたい」という一言。
そこからやりたいことが次々膨らみ
気づけば人生が動き出していきました。

ノートの力を借りる方法は、
実はとても簡単です。
「こうできたらいいな」を想像して、
ノートを開く時間は
「その夢について考える」と決めるのです。

私の場合、「身軽になりたい」という
想いを託して書き始めたのが2年前。
気づけば1年で達成し、
暮らしも心もすっきりしました。

「海外旅行に行きたい」
「絵が上手くなりたい」……
夢の内容はどんなことでもいいのです。

まずはひとこと書き始めると、
そのために必要なことは何か、
明日何ができそうか、
自分なりの答えがきっと頭をめぐります。

夢は、すべての行動の起点です。
1日ひとつでも何か行動を起こせたら、
1年後には365個分前進します。

ノートの力とは、この前進を静かに
でも粘り強く支えてくれること。
だからノートを開く時間とは、
夢に向かって努力する時間と
ほとんど同じだと思っています。

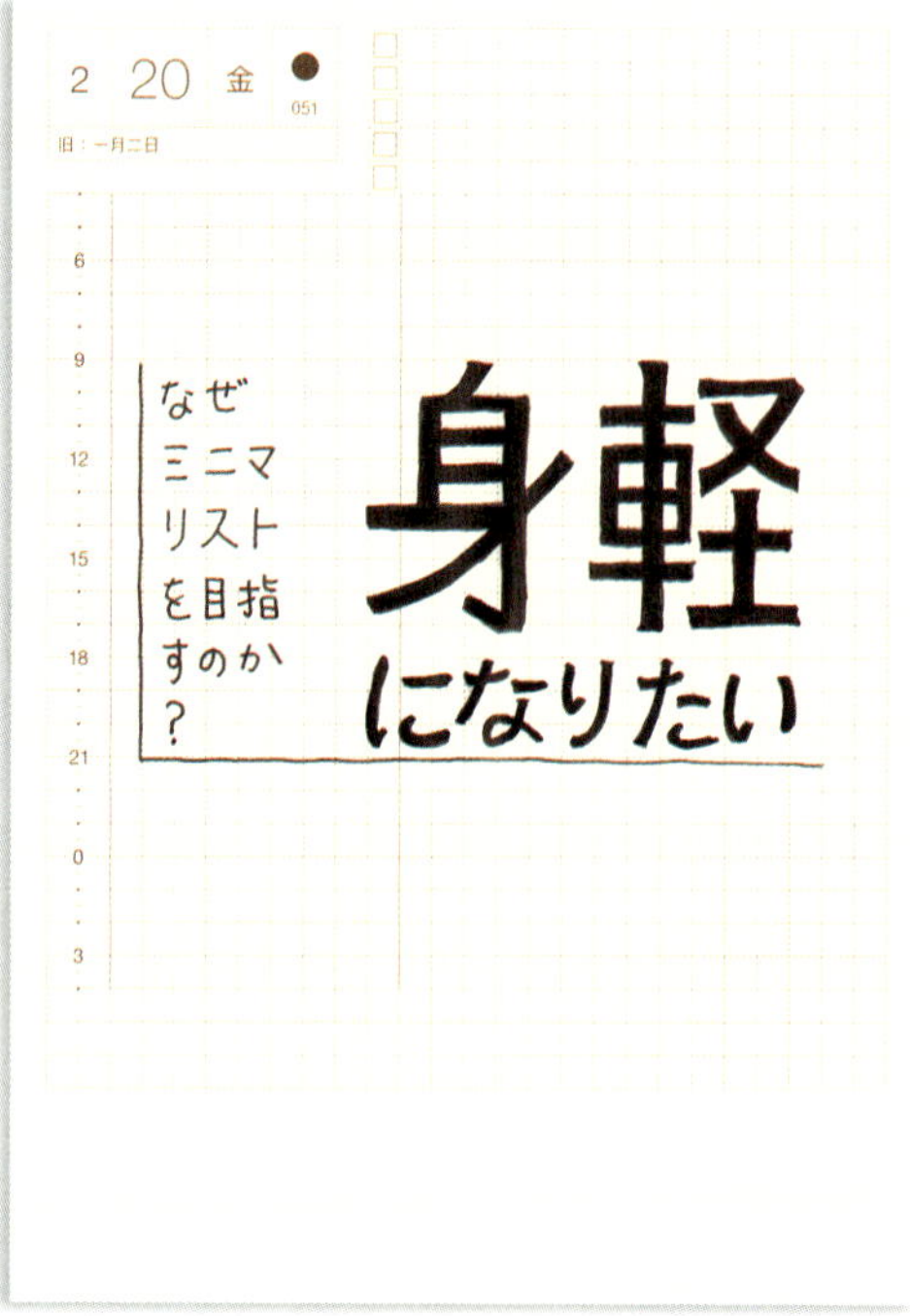
2 20 金
051
旧：一月二日
6
9
12
15
18
21
0
3
身軽になりたい
なぜミニマリストを目指すのか？

たとえばこんなふうに、ノートの力を借りてきました。

これは2015年の私のノート。
当時、汚部屋暮らしだった私は
不思議なほど失敗や災難が続いていました。

掃除が行き届いていないと
運気が下がるという話を聞き、
「1日ひとつ断捨離」を決心。
手放した物、手放せない物……
とにかく毎日「物と向き合う習慣」をつくり、
ノートに記録し始めました。

それからコツコツ、積み重ねの日々。
だんだん「描くこと」自体も
楽しくなっていく感覚がありました。

2017年。
わが家のリビングはこんなふうに変わりました。
当時からあるのは時計とゴミ箱のふたつだけ。
ずいぶんたくさんの物が減り、
本当に必要な物だけが残りました。

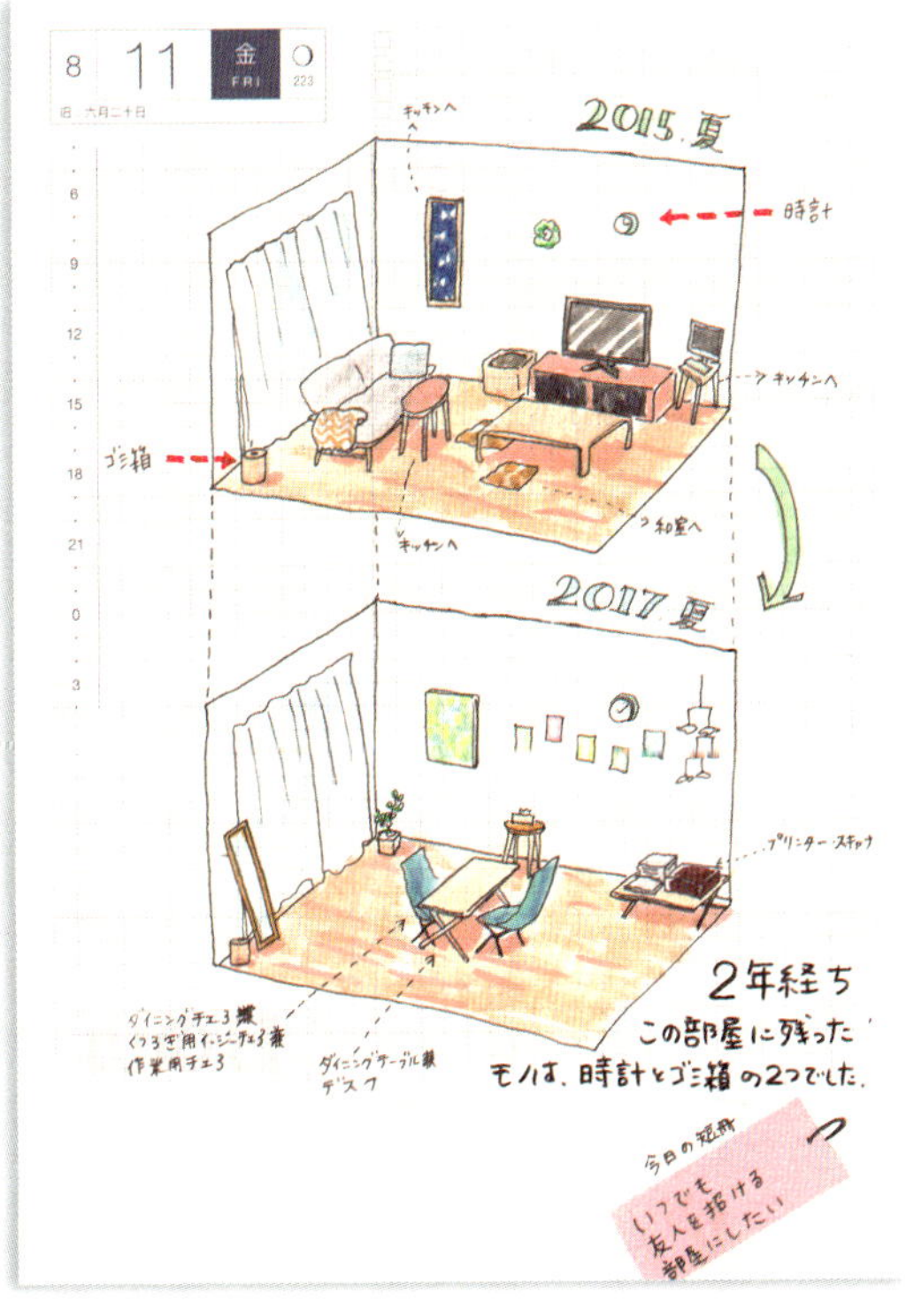

この本は、叶えたい夢を持ちながらも
なかなか叶えられずにいるすべての方に向けて書きました。

私の見つけてきた描き方のコツ、続けるヒント、
楽しかった日のこと、くじけそうになったときの思いなど
できるだけたくさんお伝えしたいと思っています。

1章はノートの活用術。
せっかく書いたことを無駄にしない、日々の工夫をまとめました。

何を書けばいいの？ノート習慣が今までないから不安だな、
という方には書くだけでも脳みそが活性化して
ワクワクするような2章のワークをおすすめします。

書くのは好きなほう、簡単な絵を混ぜながら

楽しく描いてみたいな、という方には、
私が続けている書き方を説明した
3章が参考になるかもしれません。

4章では、続けられなくなりそうになったときの
ヒントをまとめました。いざ始めても、
ついついお休みしたくなる日も
あるでしょう。そんな日に
読んでもらえたらうれしいです。

1年は短いようで長いもの。
毎日たったひとつ取り組むだけでも、
1年後には去年の自分より
確実に夢に近づいています。

こんな人にはノートの力が役立ちます

1 夢はあるが何をすればいいかわからない

まずはノートを開くこと。そして開いたら、夢に向けて何か書くと決めましょう。今日した中で夢につながりそうなこと、素敵だと感じた言葉や人、夢が叶った時の自分の姿など、イメージして書く時間をとるのです。この習慣が、夢へのアンテナを育てます。気持ちにストッパーをかけてしまっていた人は、それを外せるかもしれません。

2 悩みで心がモヤモヤしている

悩みを抱え続けると、頭の中でどんどん肥大化しがちです。「なんだかモヤモヤする!」の一言でもいいのでノートに書くと、気持ちが吐き出せてラクになります。そして同じことばかり書いている自分に気がついたり、どうしたらここから抜けられるかと考えたくなったりもするでしょう。ノートがなかったら、私もきっと鬱々と悩み続ける人間だった気がします。

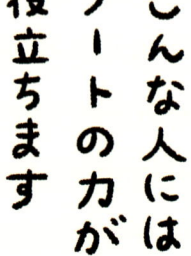

3 書くことが好き

自分だけのキャラクターや字体を探して、練習した経験はありませんか? もしあるなら、きっと書くことが好きな人。ノート習慣も自然と楽しめるタイプだと思います。そんな人は、書くこと、続けること自体が苦になることはあまりないかもしれません。書き方の工夫やアイデアなど、この本に何かヒントがあれば嬉しいです。

4 人生を味わい尽くしたい

ノートを書くのはなぜ? それは人生を味わい尽くしたいから。この一言に尽きます。私の場合、書いた出来事は何年経ってもいつでも脳内から取り出せますが、書いていないことは、恐ろしいほどぼんやり。読んだ本、観た映画、友人とのやりとり、旅先で見た風景や感じたことを記憶に刻み込みたいから、書くことと読み返せる物が必要で、それがまさしくノートなのです。

この本で呼ぶ「夢」ってどんなもの？

この本では「自分から行動、継続しないと叶わない目標」を「夢」と呼びたいと思います。難易度は問いません。好きなことを仕事にしたい、海外に移住したい、運動を習慣づけたいなど、純粋に願うことならすべてを「夢」と考えます。

CONTENTS

CHAPTER：3
すっきり書けて、見返しやすい　おふみさん流 基本の書き方

CHAPTER：4
ちょっと疲れたときに効く ラクに続ける10のコツ

文・絵　おふみ

ブックデザイン　アルビレオ

CHAPTER:1

どうやって夢を叶えてきた?

わたしのノート活用術

ノートは人生の相棒になる

過去のノートを読み返すと「あ、叶っている」とあとから気づくことがあります。知らないうちに成就しているというのはちょっと不思議な気もしますが、ノートには夢を叶いやすくする効果がいくつもあるようです。

まずひとつ目は「書く」効果。書くことで夢への意識が根づき、情報やチャンスを逃さずつかめるようになります。また、気持ちがフラットに均される効果も。書くまでは悩みや不安でいっぱいでも、書くうちにネガティブとポジティブの真ん中に気持ちを調律できます。心が落ち着き、集中力も高まります。

そしてふたつ目は「残る」効果。自分の足跡がいつでも見られるかたちで手元にあるのは、想像以上に安心です。特に、つまずいたとき、うまくいっていないときは心強い相棒。「こんなにやってきたから大丈夫」と自信をくれたり、「あれをするとリラックスできるのでは」とストレスの和らげ方を教えてくれたり。いいことがあった日もそうでない日もありのままを綴っていれば、どんなときもいちばんの理解者としてノートは力を貸してくれます。

この章では、せっかく書いたノートをよりよく使う、日々の工夫を紹介します。一つひとつは小さなことですが、書いたきりで終わらせない、いい付き合いができるはずです。

書いてきたノートは、自分の中に流れる歴史。夢に向かってコツコツ努力する軌跡そのものです。

活用術
1

パラパラ、じっくり…見返して自分を思い出す

いちばんよくする活用法は「見返す」こと。ハッとする一文が目に飛び込み、停滞気味の自分を動かしてくれることがよくあります。

たとえば過去と同じような悩みにぶつかったとき、当時は試せなかったけれど今ならできそうな方法が見つかったり、ほんのすこしでも前進している自分に気づけたり。過去の自分のひとことは、今の自分を動かす原動力になります。

ノートは自分史のようなもの。あのときこんなことを願い、行動したから今がある。自分の歴史を感じられ、読んでいるうちに「今日の自分は何を思う？」をきっと書きたくなりますよ。

書いている、その1年は……

一年間は、その年のページをパラパラ見返すことが多いです。書いたときは深い意味もなくメモした言葉が目に飛び込んでハッとしたり、いつの間にか叶っていた過去の夢に気づいたり。中にはなかなか達成できず、ずいぶん長く願い続けているなと想いの強さを感じることも。過去と比較することで、今の状況もクリアになります。

悩んだり、立ち止まったりしたときは……

停滞気味のときこそ、「見返す」をおすすめします。私の場合、過去3年分くらいをサーッと流し見。細かい部分までは覚えていないこともあるので、時間が経って改めて見返すと、誰か別の人が書いた手紙を読むような感覚です。でもだからこそ、必死な気持ちが垣間見える一文は純粋に心に響きます。今の自分はこの延長にあるのだから、と何か行動したくなります。

見返すと……

成果、変化、変わらないことなど

自分の歴史が今の自分を動かす原動力に！

活用術 2

同じテーマを定期的に書く

同じテーマを定期的に書くと、自分を定点観察できます。持ち物の増減を把握したり、生活習慣をチェックしたり。昔書いたページと見比べ、自分の変化に気づけます。

2章で紹介するワークも、私は定期的に書いています。偏愛マップは年一回、やりたいこと100のリストは半年に一回くらいが目安。これらは、普段意識していない部分まで可視化できるので、見比べてみると発見もたくさん。好きなことが変わっていたんだ、いま優先したいのはこっちかも、同じモヤモヤでもあのときとは原因が違うみたい……など、過去と今を比較して自己分析できるので、未来の指針づくりに役立ちます。

定期的に書くといいテーマ

内容	おすすめの頻度	ポイント
ひとり偏愛マップ  → P.48	年1回	のめり込むほど愛する事柄を書くワーク。ずっと好きなことも新しく追加されたことも、自分を深く知るきっかけに。SNSにアップすれば、同好の志とつながれることも。
脳内解剖図  → P.50	キャパオーバーしそうになったら 不定期	タスクや不安で頭がいっぱいなときにおすすめのワーク。書くだけで気持ちが整理でき、私は毎月書いていた時期も。必要になったら、いつでも何回でも書こう。
やりたいこと100のリスト 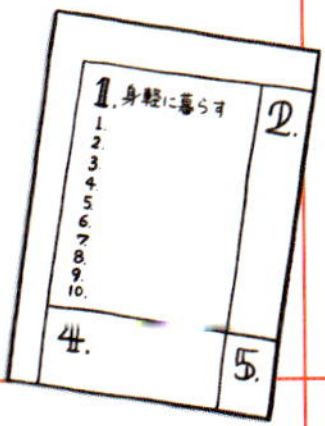 → P.52	半年に1回	やりたいことを一覧にすると、今日も明日も頑張る希望が湧いてくる。時間とともに内容が変わるのも自然なこと。半年に一回くらい更新すると、気持ち的にもいい区切りに。
持ち物チェック 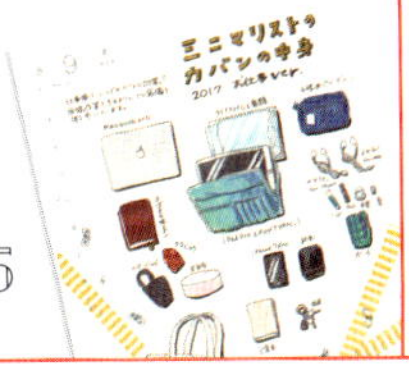 → P.95	年1回	整理や断捨離のきっかけになり、理想の物量を保てる。かばんの中身や本棚、シンク下、クローゼットなど、増減をチェックしたい場所ごとに物を書き出してみるのもおすすめ。

活用術

3

SNSにアップする

私はノートを書いたら、ブログとインスタグラムにアップしています。「誰か見てくれているかも」と感じられるのはいい刺激。「いいね」を付けてもらえたり、嬉しいコメントを書いてもらえたりすると俄然やる気も湧いてくるし、ゆるやかな監視は、習慣を定着させるのにも効果的です。

また、遠くに住む同好の志ともつながれます。「私も今度、こんなテーマを考えてみたいな」とヒントをもらえたり、自分で自分を鼓舞するような覚悟が生まれたりもするでしょう。

そういったプラスの作用がある反面、付き合い方次第ではマイナスに作用する可能性が

＋《プラス》面

いい引力がいろいろあります

・モチベーションになる

「誰かに見てもらえる」というほどよい緊張感が続けるモチベーションになる

・書く習慣がつきやすい

「書く＋アップする」をセットにし、その時間を決めておくと習慣にしやすい

・情報交換ができる

不安を共有したり、解決のヒントをもらったり。手放したい物の譲り先が見つかったりすることも

あることも知っておきたいところです。

いちばん注意したいのは、ＳＮＳありきのノートになってしまうこと。誰かの目を気にしてやりたいことを諦めたり、曲げたりしては本末転倒。ノートはあくまで自分のため。書きたいことを遠慮なく書ける場所だから、テーマによってはＳＮＳにアップせず、自分の中で温めるだけの日を作るのも手だと思います。

また、素敵な投稿を目にする機会も増えるでしょう。でも人と比較して落ち込んだり、目の前のことに集中できなくなりそうなときは気をつけて。チェックするのは夜30分だけなど時間を決めて、自分に合った距離感を保てるようにしましょう。

でも
ちょっとだけ
注意点

一面《マイナス》

- **「いいね」の数に振りまわされない**

「いいね」が付いても付かなくても
気にしないくらいの心持ちで。
自分のやりたいことを曲げずに信じよう

- **人と自分を比較しない**

素敵な投稿を見て憧れるのは自然なこと。
自分と比較し落ち込んだり焦ったりするのではなく、
プラスの力に変えてみよう

- **時間を忘れて見続けがち**

一度見始めるとうっかり数時間経つことも。
1日何分、〇〇が始まるまでなど
時間を決めて付き合いたい

活用術

4

気づきを人に話してみる

ノートを書いて気づきがあったら、身近な人に伝えてみましょう。言葉には力があります。話すと決意表明になり、夢を叶えるモチベーションが高まります。意識が変わり、行動が変わって、やりたいことを現実に引き寄せるスピードが加速すると思います。

また、話した相手に自分のことをより深く知ってもらえるのもメリットです。たとえばわが家では、夫婦で「偏愛マップ」や「やりたいこと100のリスト」を見せ合いました。お互いに「こんなに◯◯が好きだとは知らなかった」など発見があり、それぞれの趣味や時間の使い方を尊重し合えるようになりました。

気付きを人に話すと
相手に自分を知ってもらえる

活用術

5

1日1ページ、1テーマ

1日1ページが
ベストペース!

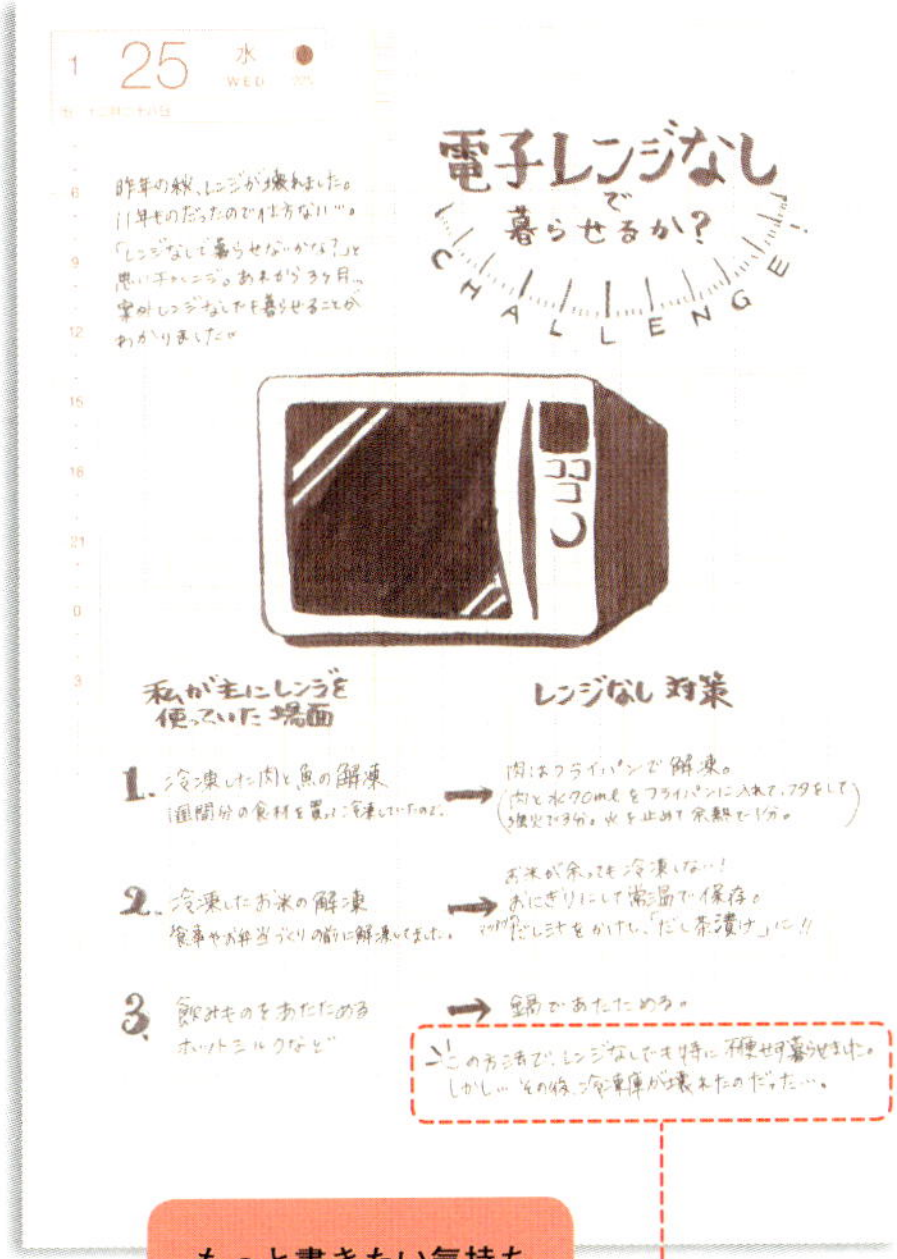

もっと書きたい気持ち
もあるけれど……

「1日1ページ、1テーマ」をマイルールにしています。どんなに書きたいことがたくさんあっても、先のページまで使ったり、過去のページに戻って書き足したりはしていません。

理由は、モチベーションの維持と見やすさです。もし際限なく何ページも書いてしまったら、その翌日は「昨日あれだけ書いたからいいか」とノート習慣が途切れそう。また、過去のページに戻って書き足してしまうと、記憶が入り混ってしまいます。今日は今日で一区切り。書きたいことが多少残ったら、明日の宿題として楽しみにとっておきます。

活用術
6

スケジュール管理はノートでしない

スケジュール管理は壁貼りのカレンダーで。ノートには書きこみません。

ノートはスケジュール帳と兼用せず、「ノート＝自分の夢を叶えるため」と役割をひとつに決めています。そうすることで、ノートを開けば自分と純粋に向き合う時間が始まります。仕事や家族との行事はノートに書きこまないことで、思考がごちゃ混ぜにならないおかげかもしれません。

スケジュール管理の仕方はふたつ。まず仕事や日々のタスクはスマホに。臨機応変に対応するためにもアラーム機能が欠かせません。そして家族との行事や遊びの予定は、リビングに貼ったカレンダーに。何ヶ月先でもやりたいことが決まったら書き込み、休みも早めに申請しています。

活用術
7

忘れない場所を置き場所に

BEFORE
こんな場所は
忘れがち
AFTER
今はここに
落ち着いて
います

ノートを買ったはいいけれど、書くことを習慣にできず、存在自体を忘れてしまう……という話をよく聞きます。私もかなり忘れっぽいので、ノートの定位置は「いつも目につくところ」と決めています。具体的には、リビングのティッシュケースの隣。朝起きてカーテンを開けた後や、食後に机を拭くとき、植物に水をやるときなど、ここなら毎日何度も目に入ります。

これにプラスして、表紙やカバーを目立つ色や大好きな布地に整えるのも効果的。見るたびに嬉しくなるデザインは、いつでも自分の注意を惹き、やる気も引き出してくれます。

3つの実例

こんなふうに使ってきたら叶った夢がいくつもあります

こんなふうに使ってきたら、叶った夢がいくつもあります。当時自分では無理だと思っていたような難題も、ノートに書いて、吐き出して、自分を調律していくことで、諦めず取り組んでこられたのだと思います。

ここからは、ノートの力を借りて叶えることができた夢と、その過程を紹介します。今見るともっと絵をうまく書きたかったな、ポエムみたいな文でくすぐったいな、と感じるページもありますが、それはその日のまっすぐな私。悩みながらも腐らず書き続けてきたことに、意味があったと信じています。

内容は「身軽になりたい」、「着る服に悩まないようになりたい」、「絵がうまくなりたい」の3つ。たわいない願いに聞こえるかもしれませんが、私にとっては強烈に実現を願う夢でした。とはいえ、何か良い方法を知っていたわけでもありません。それを見つけるところから、ノートを利用しています。まずは気持ちを繰り返し書いてあたためて、徐々に小さなことから行動し、失敗したり気づきがあったりしたらまた書き留めて考えて……。そうやって生活をまわしてきました。半年くらいで叶った夢もあれば、まだまだこれからの夢も。うまくいかないときには過去のノートを見返したり、いくつかのワーク（2章で紹介）をしたりすることで、好転するヒントを見つけています。

そして何より、もしその夢が叶わなくても、自分らしく、思う存分取り組むだけで価値があると思っています。夢とともに生きることは、人生を豊かにしてくれます。どうか「こんなこと叶えたいなんて恥ずかしい」、「身のほど知らずだ」、「できるわけない」なんて思わずに、子供の頃に戻った気持ちで夢を育ててみてください。

叶った夢

1

物を減らして身軽に暮らせるようになりました

ひとつめの夢は「身軽になること」。当時、仕事でもプライベートでも災難が続き、暮らしが荒れ続けていた私。キレイな部屋は良い運気を呼ぶと聞き、ミニマリスト（最小限の物で暮らす人）になりたいと思い立ったのです。

２０１５年1月に一念発起。それまでも雑多な内容でノートはつけていましたが、この日からは断捨離記録を始めると決心。腹をくくって取り組むべく、書いたらブログに載せるところまでを日課と決めました。

達成の手応えを感じたのは5月。「手放す↓書く↓ブログに載せる」のサイクルが定着し、自分がすっきり気持ちよく暮らせる物の量まで減らすことができました。

2015.1.2

ノートを買う

汚部屋暮らしになりかけていた私。「1日にひとつの物を手放せば、1年で365個分身軽になれる」と、断捨離記録をつけるつもりで、ほぼ日手帳を購入。

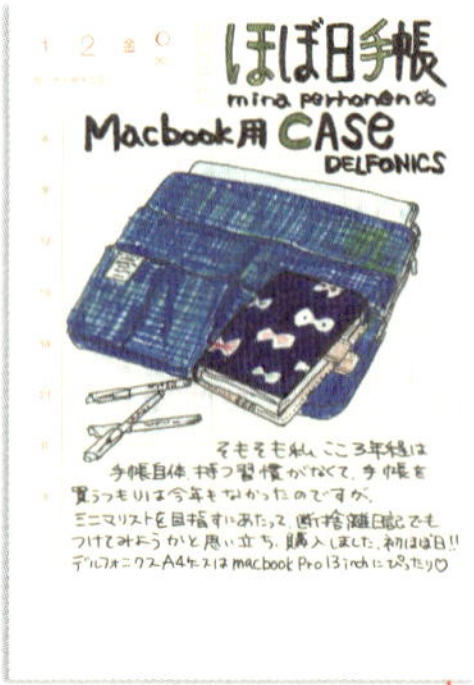

1 2 金
ほぼ日手帳
mina perhonen
Macbook用 CASE
DELFONICS
そもそも私、ここ3年程は
手帳自体 持つ習慣がなくて、手帳を
買うつもりは今年もなかったのですが、
ミニマリストを目指すにあたって、断捨離日記でも
つけてみようかと思い立ち、購入しました。初ほぼ日!!
デルフォニクスA4ケースはmacbook Pro 13inchにぴったり♡

START

2015.2.20

決意表明

「もっと身軽になりたい」と、魂の底から叫び出すくらい感じていた。考えているだけでは頭がはちきれそうだったので文字に。その後何度も見返すページになった。

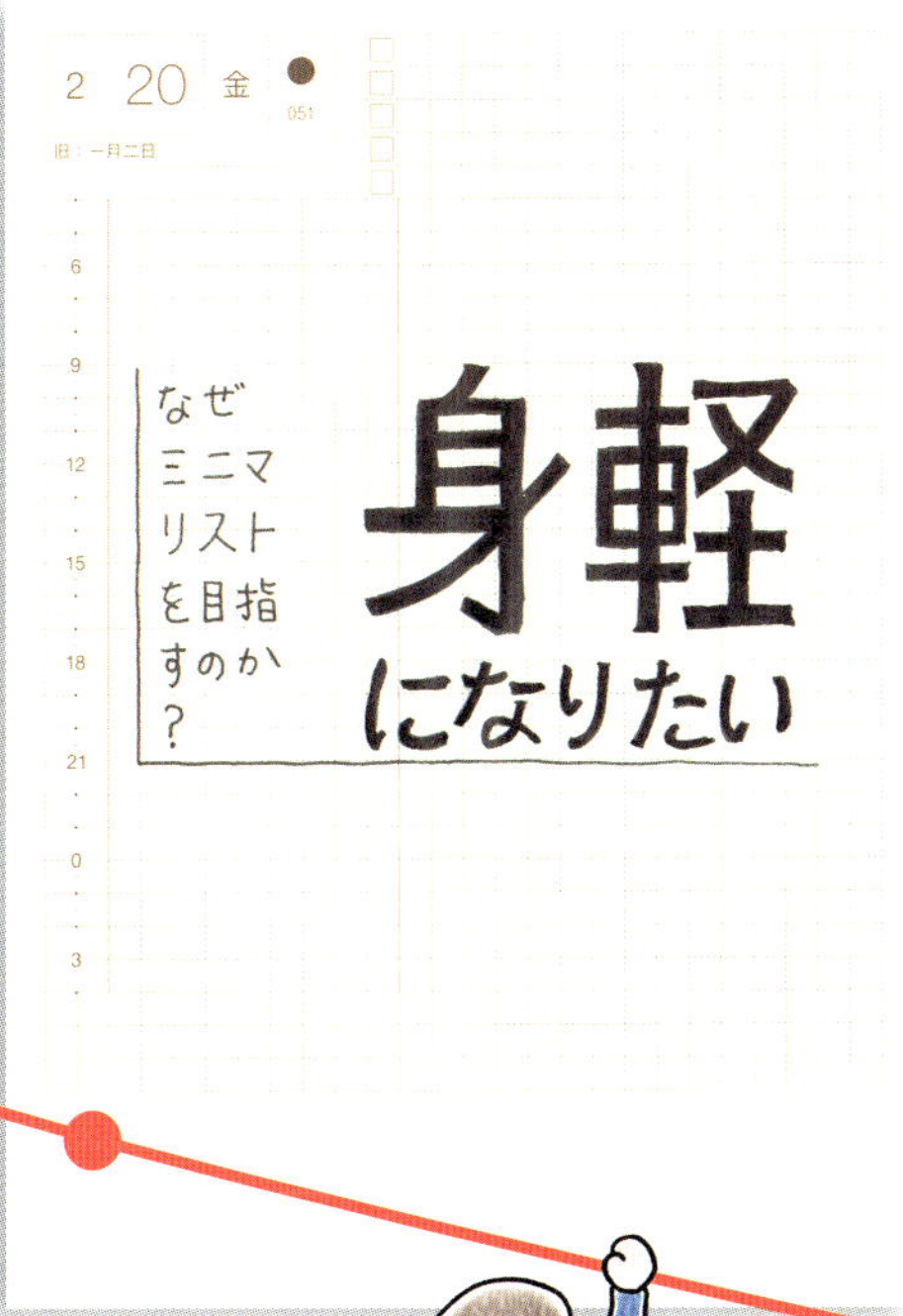
2 20 金
なぜミニマリストを目指すのか？
身軽になりたい

2015.1.6

「1日1断捨離」を始める

どんなに小さな物でもいいので、「1日1断捨離」を目標に掲げてスタート。はじめはどうしても迷いがちになるので、どう見ても不要と思えるような物から着手した。

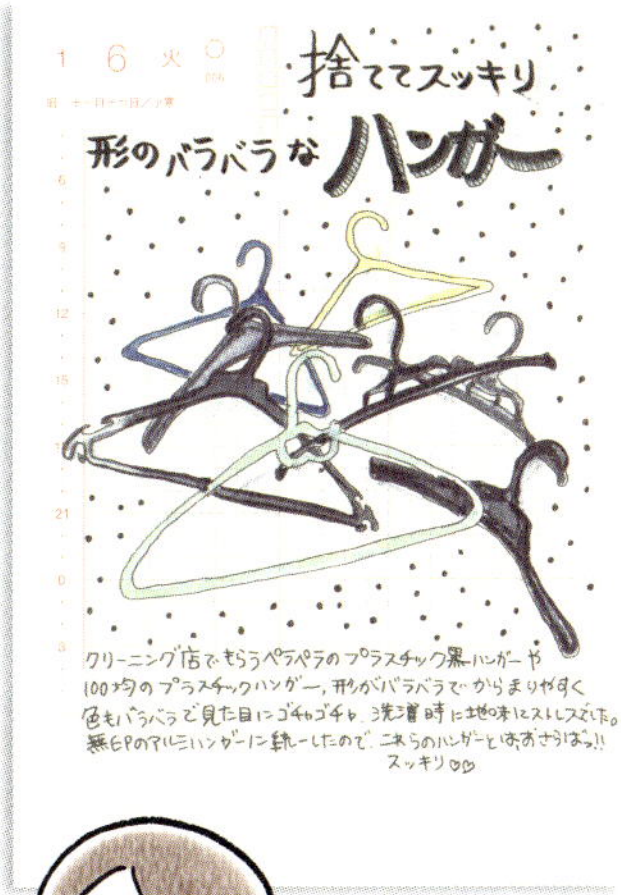
1 6 火
捨ててスッキリ
形のバラバラなハンガー
クリーニング店でもらうペラペラのプラスチック黒ハンガーや
100均のプラスチックハンガー，形がバラバラでからまりやすく
色もバラバラで見た目にゴチャゴチャ。洗濯時に地味にストレスでした。
無印のアルミハンガーに統一したので、これらのハンガーとはおさらばっ!!
スッキリ♡♡

スッキリさせるぞー!!

夢叶データ	
夢について書き始めた時期	2015年1月2日
決意表明した日	2015年2月20日
書いていた頻度	毎日
叶った実感	2015年5月2日

かなり
理想に
近づけた!

まずは達成!

2015.3.19

断捨離スピード加速中

決意表明以降、手放すコツがつかめてスピードアップ。高価な物や思い出の物も、自分なりの基準でどんどん断捨離。体感的には、夢が叶うまであと半分。

3 19
断捨離したもの
いつか何かを作るかも、と
椅子張りの余り
スカートかエプロンなどを作ろうとしていた
←湯たんぽカバーの余り。ポーチとか作ろうとしていた
←スカートを作ろうとした
←椅子張りの余り
ワンピースを作ろうとしてあきらめた→
何か作るかも、と思ってとっておくこと早2年。何も作らなかったので、いさぎよく処分!!
とっておいた
布きれ

3 31 火
ハイエースいっぱいの
130kgの
ゴミを捨てました
普段からこまめに断捨離してたつもりでしたが、
いざ引越作業してみると、「どこにこんなにためこんでたの?」
と言う程ゴミが出ました。収納家具を手放し、
その中身を捨て、着ない服、お気に入りでない食器、
使ってない文具、クツ…。せまい部屋に移ったことで、
物を収納するには工夫が必要になったけど、「手間を
かけてまで持ってたいか?」と考え、断捨離がはかどりまくりました。

2015.3.31

ハイエース1台分を一気に手放す!

それまでより小さな家に引っ越すことが決まり、130キロ分の物を一気に断捨離。不要な物を身のまわりから完全になくせ、とてつもない達成感に包まれた!

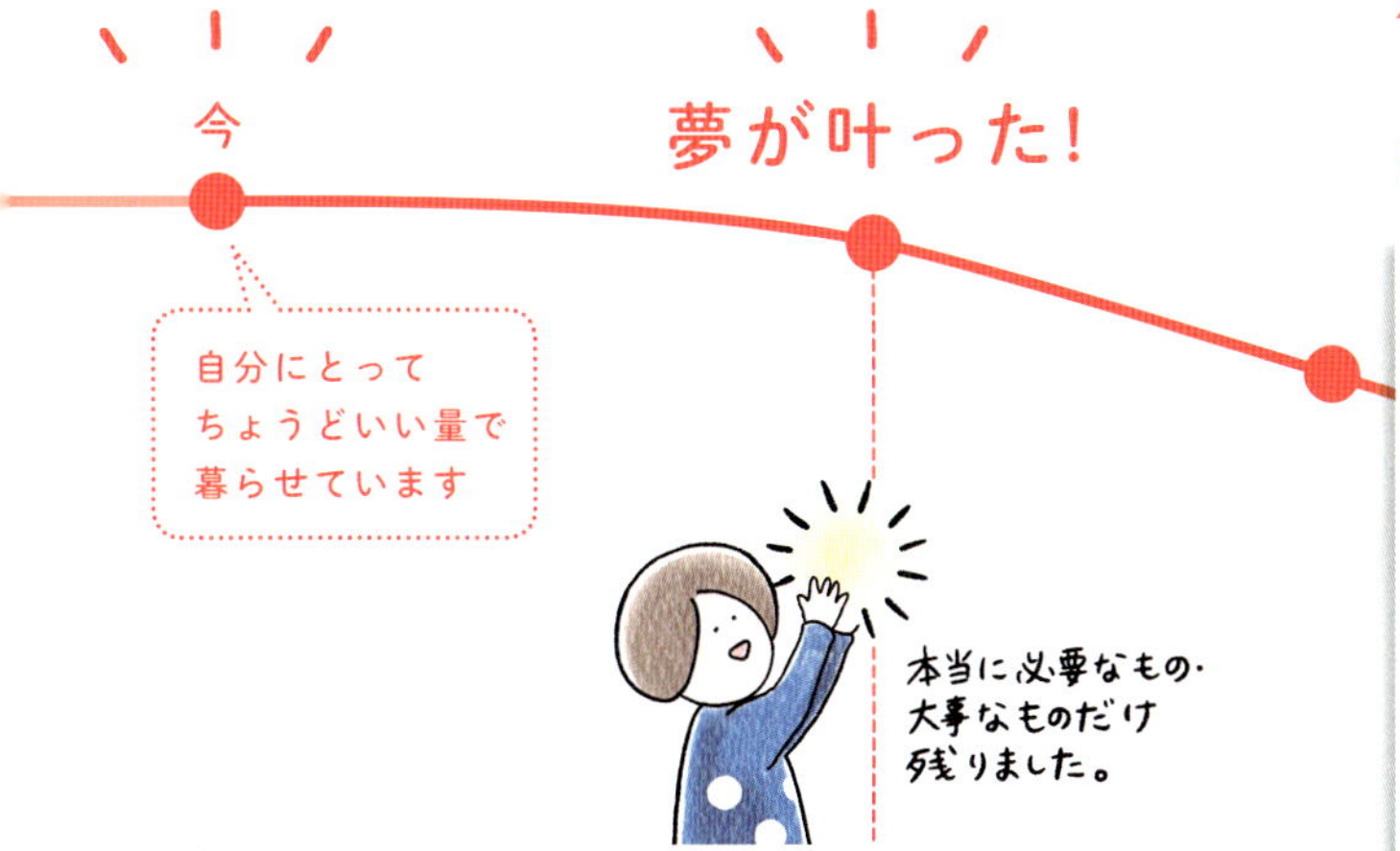
今
夢が叶った!
自分にとって
ちょうどいい量で
暮らせています
本当に必要なもの・
大事なものだけ
残りました。

2015.4.16

だいたい手放し達成感も緩やかに

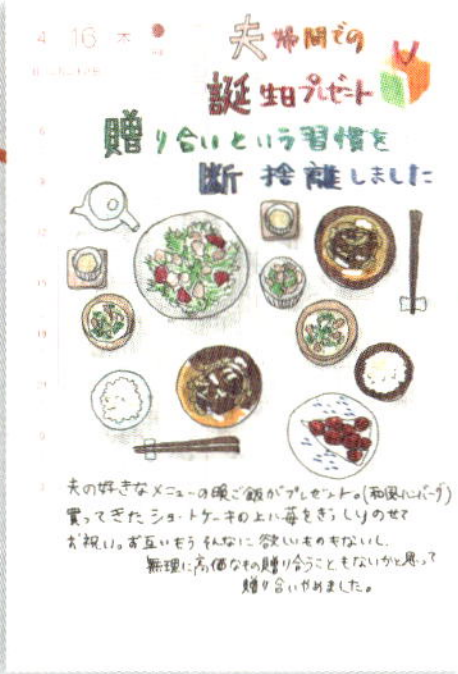
4 16 木
夫婦間での
誕生日プレゼント
贈り合いという習慣を
断捨離しました
夫の好きなメニューの晩ご飯がプレゼント。(和風ハンバーグ)
買ってきたショートケーキの上に苺をぎっしりのせてお祝い。お互いもうそんなに欲しいものもないし、
無理に高価なもの贈り合うこともないかと思って
贈り合いやめました。

ハイエース1台分の断捨離後、物の量は理想の85%くらいまで近づいた。後まわしにしていた細かい物の断捨離や、「習慣の断捨離」で物を増やさない工夫も。

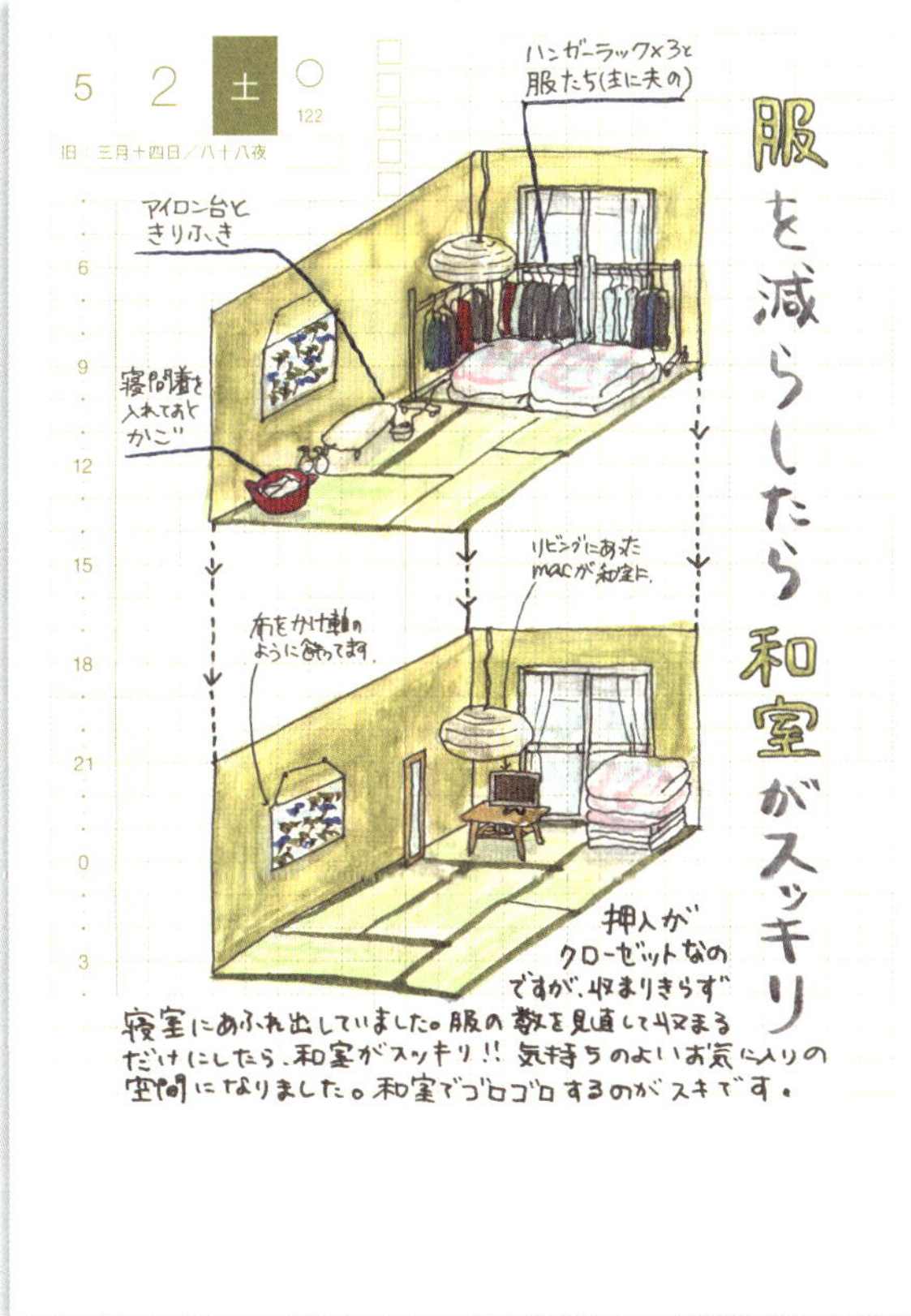
5 2 土
122
旧 三月十四日／八十八夜
ハンガーラック×3と
服たち(主に夫の)
アイロン台と
きりふき
寝間着を
入れておく
かご
リビングにあった
macが和室に。
布をかけ軸の
ように飾ってます。
服を減らしたら和室がスッキリ
押入が
クローゼットなの
ですが、収まりきらず
寝室にあふれ出していました。服の数を見直して収まるだけにしたら、和室がスッキリ!! 気持ちのよいお気に入りの空間になりました。和室でゴロゴロするのがスキです。

2015.5.2

部屋全体を見渡してスッキリを実感

新居にも慣れ、小さな物まで隅々チェック。服やアクセサリーを少数精鋭に絞るなどして、ほぼすべて収納に収めきった。どこにいでもスッキリを実感できる家に。

叶った夢

2

毎朝、服に悩まない「私服の制服化」ができました

ふたつめの夢は、「着る服に迷わなくなりたい」ということ。数が多すぎて把握しきれず、毎朝服選びでイライラするのをやめたいと思ったのがきっかけです。

まずは不要な服探しからスタート。徐々に手放し、その記録をつけることで今の自分が着たい服、したいおしゃれを自然と頭に刷り込めました。不要な服をおおかた手放した後は、「私服の制服化」を進めました。手持ち服をどんな順番で着回すか決めておくことで、もうコーディネートに悩まずに済みます。また、そのサイクルからあぶれる＝手放せそう、足りない＝買い足しが必要、ということもはっきりわかるようになりました。

2015.2.7　2015.1.25

不要な服を手放したい!

毎朝服に迷い、クローゼットをひっくり返してはイライラする日々。「服が多すぎるのかな?」という気持ちや手放せそうな服を見つけては書いて、「何か行動を起こそう」という気分を高めた。

START

2015.3.16

思いきった断捨離実行

思いきって、「明日着ていきたいと思えない」服をかなり手放した。ただ少々心が痛んだのも事実。ノートに書くことで思い出やそのときの気持ちをちゃんと残せたのが救い。前向きな決意も記録。

3 16 月
断捨離 したもの
長らく着てなかった服を売却
高校の時よく着たジャケット…
夫と初めて2人で京都旅行した時に買ったストール…
大学の時はいてたショートパンツ…
フリマで見つけたMysticの変形スカート…
初めて手作りしたチェックのスカート
もう数年来着ていない服を断捨離。
いつも物を捨てるとスッキリして気持ち良くなるのですが、今回は胸が痛い…高校・大学のある時代にたくさん着た服ばかりだったので、当時の思い出も一緒に手放してしまった気がして～でもそんな事はないので!!!うん!!!

2015.2.9

「いつか捨てるボックス」を設置

手放したい服はなんとなくわかってきたけれど、まだ決心がつかない頃。敬愛するブロガーさんの記事を見て「いつか捨てるボックス」を作ることから始めてみた。

2 9 月
断捨離 した気分
「いつか捨てるボックス」活用!!

捨てたいけど捨てられないものを放り込んでいくBOX.

それなしで暮らせるようなら捨てる。

捨てたいけど捨てられないものを、ポイポイ放り込む。TUBTRUGSのバケツに。

敬愛するミニマリストブロガーmaikackさんが断捨離ハックとして紹介していたこちらの方法。

必要になったら取り出してOK。しばらくこのボックスに入れっぱなしで暮らせたら、それが必要ないことがわかります。

期限を区切らなくても、必要ないと分かれば自然と手放せます。

2015.2.20

「身軽になりたい」宣言

▶ P.33

夢叶データ

夢について書き始めた時期	2015年1月後半
具体的な行動を始めた時期	2015年2月
書いていた頻度	週1回くらい
叶った実感	2016年9月

2016
秋の
私服の
制服化

2016.9.11

手持ち服の把握

季節が変わって買い足し・手放しする前に、手持ち服をすべて書き出す。アップデートが必要なアイテムを把握するために行った。

2016.1.14

買い足した服を分析

断捨離後は、クローゼットにかなり余裕が出たので、服や小物を買い足した。厳選したつもりだったが、惹かれた理由、使用頻度などを改めて書いてみると反省も。かなり冷静に見直せた。

今年の秋はこんな格好が気になっています
黒に近いネイビーのMA-1
ボーダーTシャツ
スカンツ
グレーニット
仕事着はこんなかんじ
黒のワイドパンツ
普段気軽に近所に出かける時には↑の格好が一番気楽でヘビロテしそう。気軽に洗濯できるし。
白T+MA-1+黒ジョガーパンツ

2016.9.10

買い物前の自分会議

買う前に一度作戦を練る場としてノートを利用するように。雑誌を見て惹かれた服も、自分だったらどう着てみたいか想像を膨らませて描いてみることで、要るかどうかがリアルにわかる。実際、以前は試着を繰り返すうちに欲しい服が分からなくなることが多かったが、これを書いてからは激減。

今

達成

2016.10.24

制服化できました!

オン・オフ含めて1週間の制服が完成。クローゼットにはお気に入りの服だけが並び、毎日悩まず選べるように。何がどこにあるかも完璧に把握でき、洗濯・片づけにもストレスがなくなった。

2017.7.11

毎シーズン心地よい数を更新

毎シーズン上下合わせて6～12着あれば、心地よい制服化ができます。シーズンごとにノートに書いて、事前にシミュレーションしています。

叶えたい夢

3

絵がうまくなりたい
――現在進行形

3つめの夢は現在進行形。小さな絵でも毎日ノートに描くことで、すこしでも前進したい、と願っています。

もしかしたら、これはゴールのない夢なのかもしれません。でも、夢に向かって努力を続けることは昨日の自分との戦いです。昨日より何かひとつでも上手くなったか、どこがもっと良くできそうか、一晩経って見返すと初めてわかることも多いです。

もし描き続けることをやめてしまったら、下手さに気づくこともできません。好きなことこそ続けて、見返して、立ち止まって、また一歩踏み出す。そのために、ノートの力を借りています。

2017.5.20

うまくできなくても やりたいこと、やろう。

いつものように聞いていたEnjoy Music Clubの曲が、ふとこの日は沁みました。自分の魂を喜ばせるために、やりたいことをやりたいと思う限りやろう、と決心。

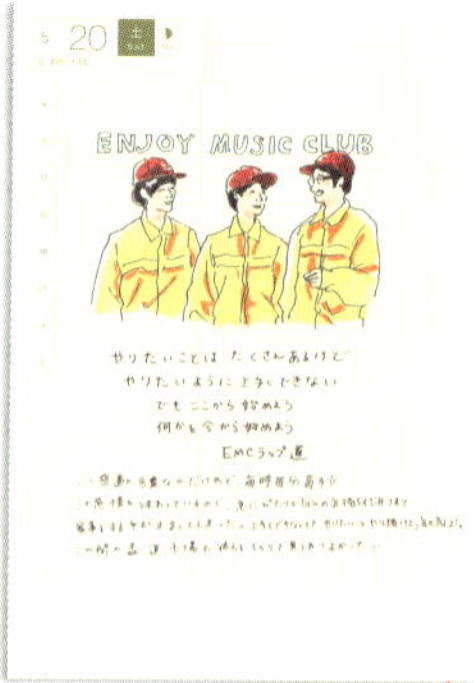
ENJOY MUSIC CLUB
やりたいことは たくさんあるけど
やりたいように上手くできない
でも ここから始めよう
何かを今から始めよう
EMCラップ道

START

思い描くものを
絵にしたいです。
神様…

2017.5.22

「やりたいことリスト」で気持ちを確認

「もっと絵を描きたい」という願いとともに、今、純粋にやりたいと思うことをリスト化。やりたいこと100のリスト(P.53)より数は厳選して、強い気持ちだけをまとめてみた。書いているときからワクワクして、「自分なんかに叶えられるはずがない」という恥じらいを捨て、あがいてみようと思えてきた。

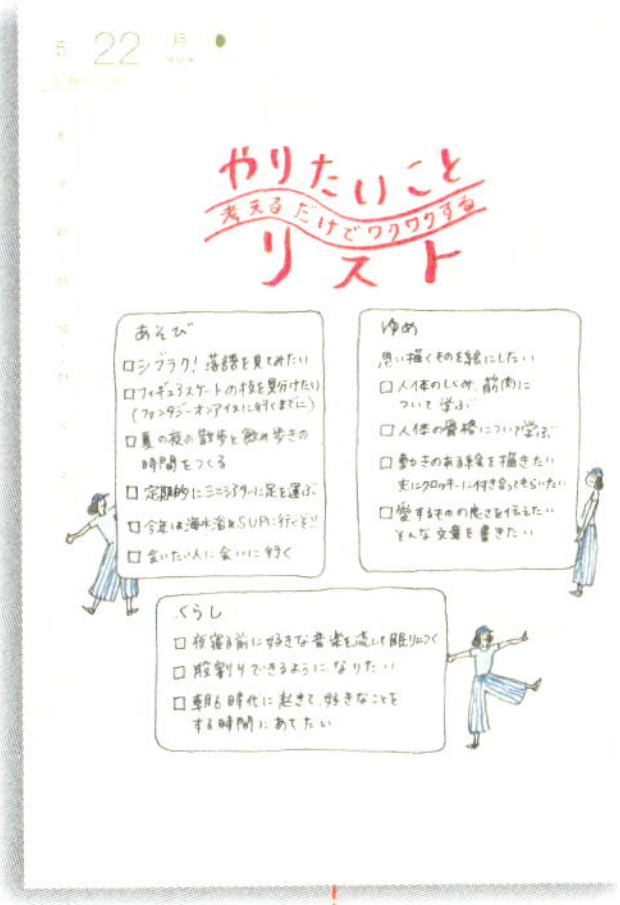

2017.5.23,24

人体の仕組みを調べてみる

人のカタチや動きをバランスよく描けるようになりたいと思い、筋肉と骨の仕組みについて調べて、連日ノートに練習。

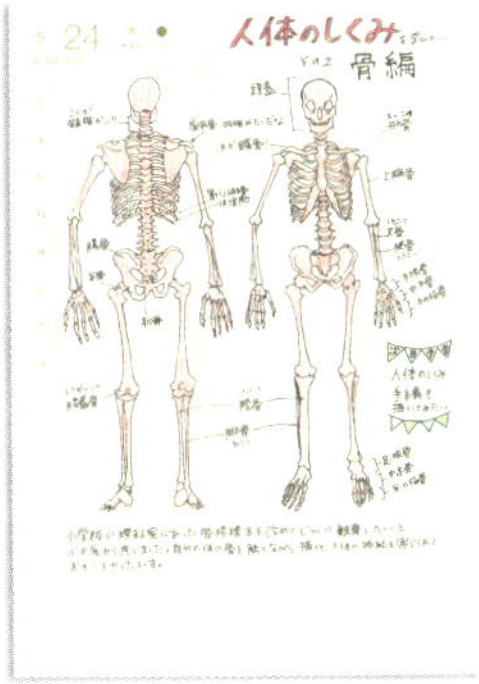

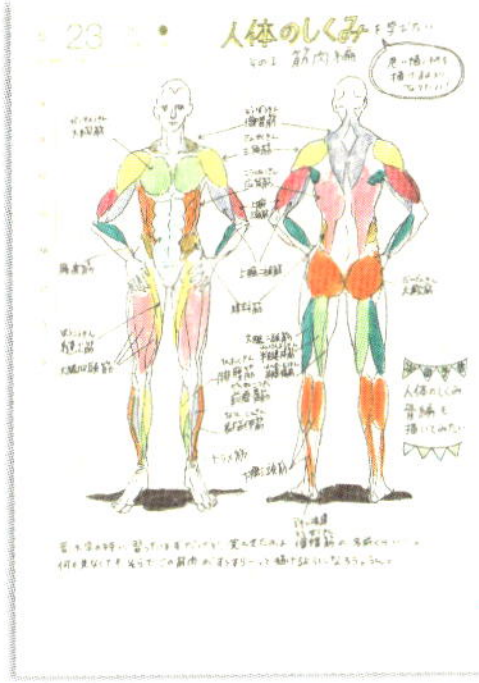

夢叶データ

夢について書き始めた時期	2017.5.20
具体的な行動を始めた時期	2017.5.22
書いていた頻度	週1回くらい
(その他、iPadやクロッキー帳には2日に1回くらい)	
叶った実感	まだこれから

2017.6.10,11

人の動きをうまく描きたい!

念願のアイスショーで感動。会場では撮影できないのでクロッキー帳にスケッチし、感動が冷めないうちにノートにも記録。描けば描くほど、うまくなりたい気持ちに火がついた。

アプリ「RandomPose」で人のポーズの練習開始

2017.7.13,14

5分スケッチを開始

写真をもとにペンで一発描きし、5分で仕上げるという練習法(漫画家江口寿史さんが提唱)を知り、ノートだけでなく、クロッキー帳やiPadでも練習中。シワの入り方などを手と頭で覚えていきたい!

2017.9.21

イメージをカタチにする練習

「こんな物がほしい」など漠然としたイメージがあるとき、ぴったり当てはまる実物に出会えていなくてもそれを描けるようになりたい。毎シーズンの制服化や欲しい物リスト、物と向き合う日のノートで練習中。

9 21 木 THU
おじ靴が欲しい
薄〜く雪が積もっているくらいならガンガン歩けるようなオンオフ兼用できる、マニッシュなおじ靴が欲しいです。
雪・水を弾く素材であること
薄く積もった雪の上を歩けること。靴底ゴム素材のものがいい
オンオフ兼用にしたいのでドレッシーな雰囲気の、つま先がとんがっているものがいいな。

19
夏の髪型の定番化
前髪を上げてのおだんご頭がスキ
FUDGE 8月号より

2017.7.19

表情を練習してみる

ちょうど気になっていた夏の髪型について、表情も入れながら描くことに挑戦。このような練習を繰り返すうち、頭の中に「表情ストック」が増えてきた。

CHAPTER:2

書くことの効果を実感

自分を深く知る5つのワーク

書くことで自分の未来を変えていく

忙しい日々の中で自分を押さえ込むうちに、好きことは何なのか、やりたいことはできているのか、わからなくなってしまった経験はありませんか？

私は今年、1ヶ月間限定で「やらなければならないことよりも、やりたいことを優先させる」期間を設けてみました。最低限の家事と仕事はこなしつつ、好きなことに没頭する時間を最大限確保する。大人になってからは、ずっとできずにいたことです。

きっかけは、「何か面白いことないかな」が口癖になっていた自分に気づき、うんざりしてしまったこと。夢中になれるものが見つからず、だらだらとスマホをいじる日々に歯止めをかけたいと思ったのです。

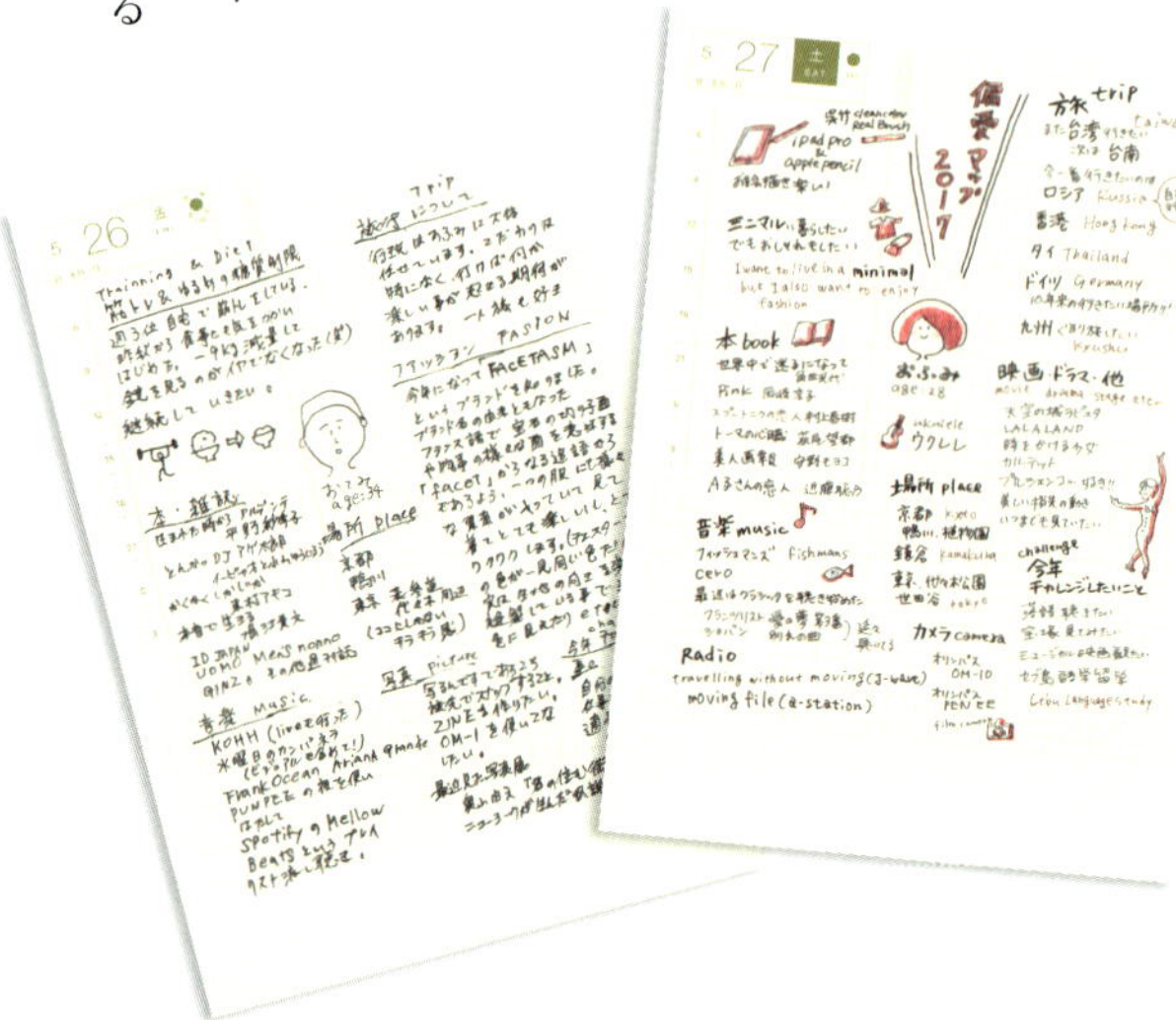

夫と私が書いた「ひとり偏愛マップ」。ワクワクするような事柄を思い出し、眠っていた自分を呼び覚まします。

書くことは、現実を変えるパワーを持っています。「やりたいことをやろう」とノートに書いた瞬間から、私の生活も動き出しました。「好きだけど、下手だから……」としばらく離れていた絵をまた始めたり、ずっと行きたかった場所へ出かけたり。そして夢のような一ヶ月が終わったときには、自分が丸ごと生まれ変わったような感覚に。書くことの力を借りて、以前のままでは起こりえなかった未来を過ごすことができました。

この章では、自分のことを深掘りし、本当にしたいこと、叶えたい夢を探すのに最適なワークを紹介します。有名なものから私が編み出したものまで、その効果を実感している5つです。夫もこれらのワークを通して、やりたいことを見つけました。

書いてみたらスッキリした、安心した、忘れていた自分が見えてきた……。のびのび書くことで、何かひとつでもその楽しさを実感してもらえますように。

ワーク
1

ひとり偏愛マップ

私はどんな人だっけ？好きなことを棚卸し

もともと「偏愛マップ」とは、教育学者の齋藤孝さんが提唱するコミュニケーションメソッド。過去から今まで、のめり込むほど（＝偏って）好きになった事柄を書き出して見せ合うことで、互いの理解を深めるための手法です。私はこれを、自分がどんな人間か、を改めて見つめる方法として使っています。書き終えたマップを眺めていると、「そういえばこれが大好きだった、また始めてみようかな」など、したいことがどんどん見つかり、休日が待ち遠しくなります。

このワークは、人生の棚卸しのようなものだと思っています。普段は、自分を深掘りする時間などなかなかとれないものですが、このワークはまさにそのためのもの。ワクワクできることを思い出し、本来の自分を思い出すのが目的です。

ポイントは書き出す事柄の選び方。「偏愛」なので、「なんとなく好き」程度ではいけません。その話題が出るとつい、前のめりで話してしまうくらいをイメージして。その代り、好きになった時期はどんなに過去でもＯＫです。できるだけ昔までさかのぼり、思い出すと今でもワクワクできることを思いつくままに書いてください。

1.自分データを書く

今の自分を客観視する意味で、年齢や似顔絵（髪型や自分ってこうだなと思う表情）を書いてみるのがおすすめ

2.分野名を太字で書く

好きな事柄を書き出す「分野名」を太字で書く。書いているあいだは、分野を行ったり来たりしてもOK

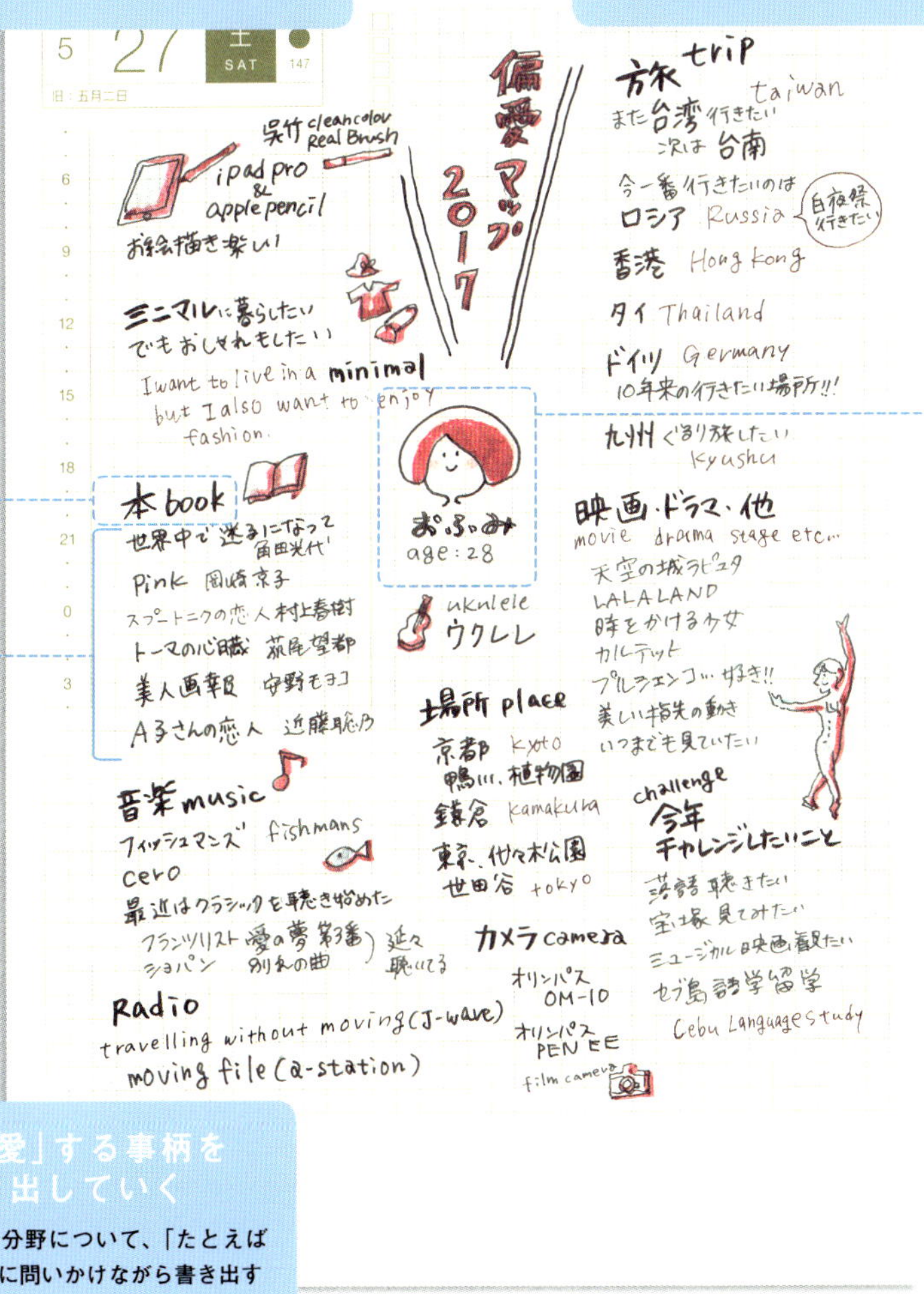

3.「偏愛」する事柄を書き出していく

それぞれの分野について、「たとえば何?」を自分に問いかけながら書き出す

上は2017年5月に描いた「ひとり偏愛マップ」。
当時熱狂していたもの、昔から変わらず
好きなことなどが入り混じっています。

ワーク

2

脳内解剖図

頭の中が満杯になったら中身をすべて書き出そう

今この瞬間、頭の中を何が占拠しているのかすぐに答えられますか？ あれもしたい、これも気になるとパンクしそうになってきたら、「脳内解剖図」がおすすめ。これは頭の中を覗き見るようなイメージで、悩みや不安、やりたいこと、できていないことなどを書き出し、今の自分を把握していくワークです。「偏愛マップ」は自分のことを深く知るのが目的ですが、こちらはややピンチなときに効く応急処置のようなもの。気持ちがちょっと焦ってきたなと感じたら、ぜひ試してみてください。

すこし大袈裟かもしれませんが、私が書くとき想像するのは、自分の頭を半分に割り、中に詰まっている言葉をひとつずつ取り出していく様子。ノートに描く絵もそのイメージで、まずは横顔。そしてそこから、脳内の言葉をフキダシに入れてつなげます。フキダシの中身が、「これならできるかも」という希望の言葉にたどり着いたら大成功。書き始めたときの不安は消えて、ワクワクに変わっているかもしれません。すぐ行動に移せそうな項目があれば、早速この週末にでも始めてみては。それがきっと、悩みや不安の解決策になるはずです。

書ききると
なんだか安心する。
やれそうなことも
見つかった!

2.やりたいことやタスクをどんどん書く

横顔の絵から広げるように、頭の中にある言葉を書き出す。ひとつ書いたらフキダシ（丸でもOK）で囲み、連想できる限りどんどん続ける

3.できそうなことを見つける

ノートいっぱいに広がったら、フキダシの中で、行動に移せそうなことをピックアップ。悩みや不安の解決策になっているかも!

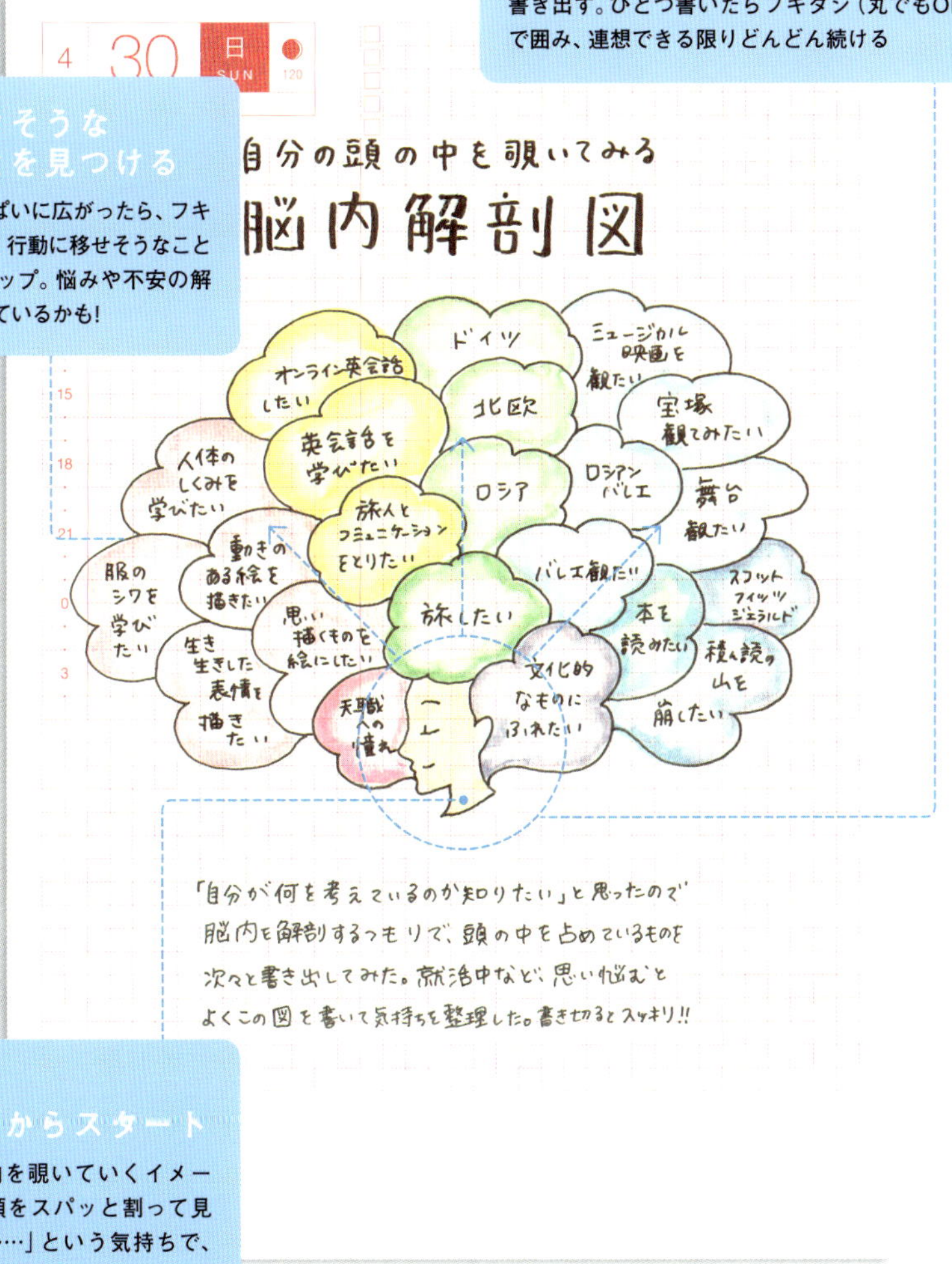
4 30 日 SUN 120
自分の頭の中を覗いてみる
脳内解剖図
ドイツ
ミュージカル映画を観たい
オンライン英会話したい
北欧
宝塚観てみたい
人体のしくみを学びたい
英会話を学びたい
ロシア
ロシアンバレエ
舞台観たい
旅人とコミュニケーションをとりたい
動きのある絵を描きたい
服のシワを学びたい
バレエ観たい
スコットフィッツジェラルド
思い描くものを絵にしたい
旅したい
本を読みたい
積ん読の山を崩したい
生き生きした表情を描きたい
天職への憧れ
文化的なものにふれたい
「自分が何を考えているのか知りたい」と思ったので脳内を解剖するつもりで、頭の中を占めているものを次々と書き出してみた。就活中など、思い悩むとよくこの図を書いて気持ちを整理した。書き切るとスッキリ!!

1.横顔からスタート

自分の脳内を覗いていくイメージ。「もし頭をスパッと割って見られたら……」という気持ちで、私は横顔の絵からスタート

上は2017年4月に描いた「脳内解剖図」。
映画『ラ・ラ・ランド』の影響で、美しいものをたくさん見たい、
それを自分なりに表現したいという欲求が湧いてきた頃でした。

ワーク

3

やりたいこと１００のリスト

夢への気持ちや進捗を「10×10」でスラスラ確認

人との出会いや環境の変化で、やりたいことは移り変わっていくものです。そんな自分の変化を確認する意味でも、半年に一度ほど「やりたいこと」を１００個、書き出してみませんか。

１００個なんて多すぎる！と思われるかもしれません。でも、まずは「ジャンル」を10個あげてみるのがこのワークのポイントです。その後、それぞれの中で10個ずつ思い浮かべれば、意外とサクサク書けるはず。

1. やりたいことを10のジャンルに

まずは10個、やりたいことを大きくくくるジャンルを考える。そのうちひとつは「その他」などフリースペースにすると便利

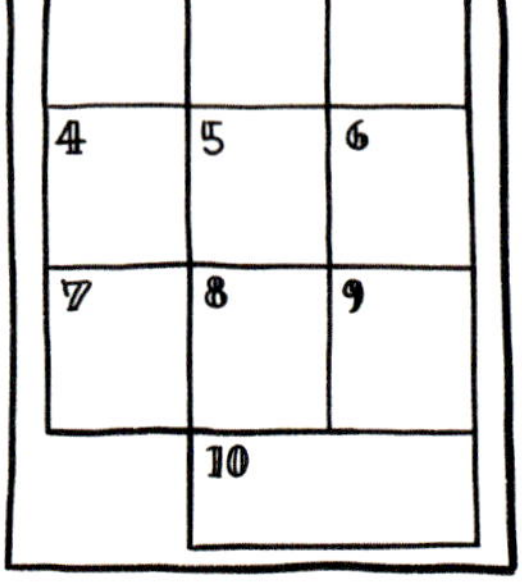

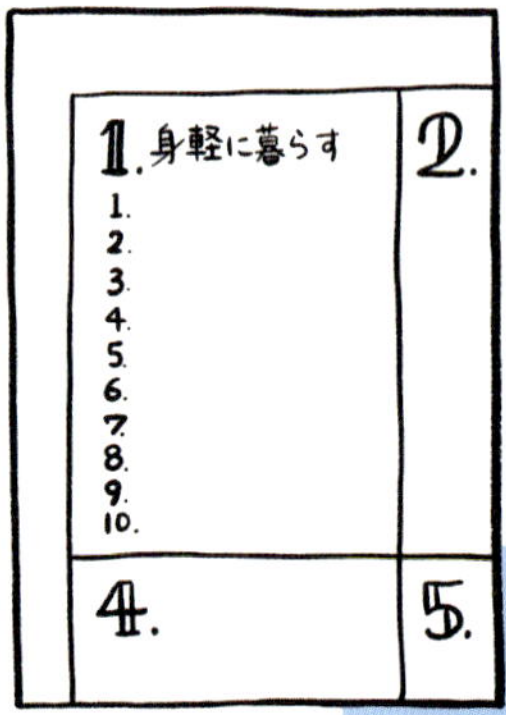

2. それぞれの中で10個ずつ

それぞれのジャンル内で10個書く。どんな些細なことでもOK。大事なのは、「こんな願いは身の程知らずかも」など自分でストッパーをかけないこと！

3.10×10書ききれたら完成！

たまに見返し、やりたいことがこんなにあるという事実にワクワクしよう。叶ったら線を引いて消す

やってみたいこと 100のリスト

食べること
1 食材ロスを出さない
2 計画的な買いもの
3 週に1度冷蔵庫を整理する
4 定番料理を増やしていく
5 常備菜にチャレンジ
6 外食で食べきれなさそうなら初めから断る
7 毎日だしをとる
8 旬のものを食べる
9 買ったことのない食材にチャレンジしてみる
10 「今日もごちそうさまでした」のレシピを作ってみる

暮らしのこと
1 家計簿をつける
2 お風呂の湯が冷めない工夫をする
3 レンジなし生活をもう少し続けてみる
4 玄関をキレイに保つ
5 毎朝のトイレそうじ
6 車内をキレイに保つ
7 冷蔵庫の裏をそうじする
8 窓をピカピカに
9 月1 本気そうじの日をつくる
10 実家の自分のものを片付ける

体と心のこと
1 お尻やせ
2 背筋をのばす
3 週2ランニング
4 健康寿命をのばす試み
5 心の安定をはかる
6 瞑想する
7 セロトニントレーニング
8 モーニングページ
9 ヨガを毎朝
10 寝る前のマッサージ

美容のこと
1 手指をキレイに保つ
2 手指オイルマッサージ
3 髪を健康に
4 海そう類を食べる
5 ヘアカラーを自然なものに
6 パーマをひかえる？
7 頭皮マッサージ
8 計画的に服を買う
9 できれば長く良いものを使う
10 プチプラは計画的に取り入れる

友だちづくりのこと
1 今までに出会ったけど声かけられてなかった人を遊びに誘う
2 店員さんと会話を楽しんでみる
3 友達に同年代の女の子紹介してもらう
4 自分から遊びに誘う
5 幅広い年代の人と友人になろうとしてみる
6 ウクレレ仲間を募ってみる
7 スキーに誘う
8 集まりに顔出す
9 fbにログインする
10 ワークショップ・教室に参加する

働くこと
1 整理収納アドバイザー
2 骨格・パーソナルカラー診断学ぶ
3 30秒スケッチ続ける
4 会いたい人に会う
5 人と会っていろんな考え方を知りたい、
6 県外でもフットワーク軽く行ってみる
7 「手帳で夢を叶える」を自分・夫で試す
8 「好き」を知る
9 「得意」「苦でない」を知る
10 未来会議

観る・聴く
1 ~~この世界の片隅に~~ 1/4達成
2 ぐるりのこと
3 11人もいる!!
4 ロストイントランスレーション
5 500日のサマー
6 気狂いピエロ
7 バナナマンのラジオ
8 バタフライエフェクト
9 シュタインズゲート
10 ビューティフルドリーマー

読む
1 グレートギャツビー
2 ここは退屈迎えに来て
3 群ようこ
4 角田光代
5 ハガレン
6 ちきりん
7 月と6ペンス
8 バナナフィッシュ
9 高橋留美子
10 命売ります

休日を楽しむ
1 友だちに一番好きな本、映画、マンガ
2 を聞く。それを観る・読む
3 2ヶ月に1回小旅行に行く
4 2ヶ月に1回、晴れた日に電車に乗る
5 日光浴の時間をつくる
6 お花見をする
7 Zushi Beach Film Festivalに行く
8 夫と東京を巡る旅をする
9 春が来たら写生をしよう
10 計画的に旅する、休日を過ごす

その他・好きなこと
1 アーティスト・デートのワークをやる
2 少人数のオフ会に参加する
3 台湾に行く
4 自分の願望をめんどくさがらず叶える
5 和室をあたたかくて居心地よく整える
6 シルバーがかったグリーンの鉢を手に入れる
7 純粋に暮らしを楽しむ
8 洋楽を聴いてみる spotifyを楽しむ
9 デジ絵 applepencil を楽しむ
10 好きなこと、気になることを無節操に片っぱしからやる

半年前と比べると
ジャンルすら
変わっていることも！

ワーク
4

なりたい自分を短冊に

日々のノートの片隅に願い事をひとつ書く

ここまでのワークで、「私ってこんなにしたいことがあったんだ」と気づけたと思います。今度は、その中からひとつに絞ることで、夢の確度を上げげましょう。4つ目は、「夢をひとつに絞ってみる」ワークです。

人は同時にいくつものことはできません。夢も、進め方次第ではすべてが中途半端になりかねないので、意識を集中させるためにも、私は「短冊」を書くことにしています。たくさんの中からひとつを選び、「今はこれ」と気持ちをフォーカスするのです。

きっかけは、「毎日が七夕だったら、もっと夢が叶うんじゃないか」と思ったこと。七夕には短冊を書きます。小さな紙切れですが、だからこそ夢を絞って願いを込める。その「絞る」と「書く」に費やす覚悟を、夢への推進力にします。

方法は簡単。なりたい自分像をひとつだけ、いつもの文章と分けて書いてみます。あとから見返したときなどに、ここだけ際立つことが大事です。語調もゆるくて大丈夫。願掛けのように繰り返し目に留まることで、自分の背中を押してくれます。

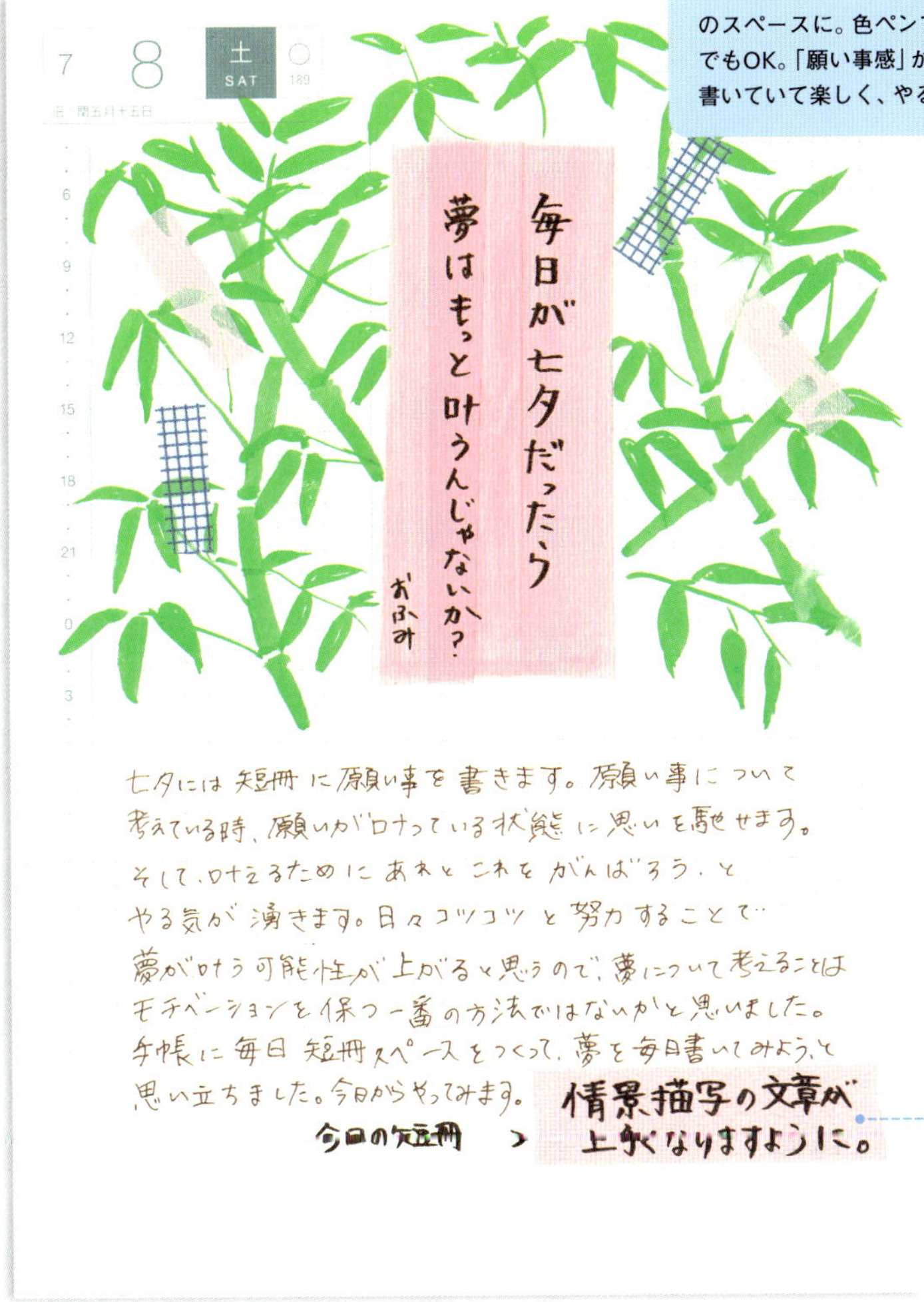
7 8 土 SAT 189
毎日が七夕だったら
夢はもっと叶うんじゃないか？
おふみ
七夕には短冊に願い事を書きます。願い事について
考えている時、願いが叶っている状態に思いを馳せます。
そして、叶えるためにあれとこれをがんばろう、と
やる気が湧きます。日々コツコツと努力することで
夢が叶う可能性が上がると思うので、夢について考えることは
モチベーションを保つ一番の方法ではないかと思いました。
手帳に毎日短冊スペースをつくって、夢を毎日書いてみよう、と
思い立ちました。今日からやってみます。
今日の短冊 ＞ 情景描写の文章が上手くなりますように。

マステで簡単短冊風

マスキングテープを貼り、短冊風のスペースに。色ペンで囲むなどでもOK。「願い事感」が出せると、書いていて楽しく、やる気が出る

七夕で沸くタイムラインを見て、自分の願い事を考えているとき
このワークを思いつきました。やりたいことはたくさんあるけれど、
「こうなったらいいな」をひとつ選ぶ作業に意味があります。

ワーク

5

コーピングリスト

ストレスへの対処法を自分なりに持っておく

ノートを書く意味のひとつは、何かあったら帰ってこられる居場所を作ることだと思っています。私はこんなときに嬉しくなる、こんなときはイライラしがち……。開けば何かしら自分がわかる、そんな存在になるからです。だからこそノートには、見れば自然と元気が出るようなヒントを書いておけたら、と思っていました。そんなとき、よく読むブログで知ったのが「コーピングリスト」です。

コーピングとは、ストレスを取り除いたりゆるめたりする対処のこと。コーピングリストとは、〝自分に効く〟対処法を考えて書き出した一覧です。私はこれを書いて以来、それまで以上にノートが大事な相棒になったように思います。

対処法は多ければ多いほど、その時々に合わせて選べるので、キリよく100個挙げてみましょう。時間帯や場所、食べる・読むなどの動詞からイメージを膨らませ、ワーク3と同様にジャンル分けしてから書き出すことで、思いのほかラクに書けました。探すときもジャンル名があるとわかりやすいのでおすすめです。

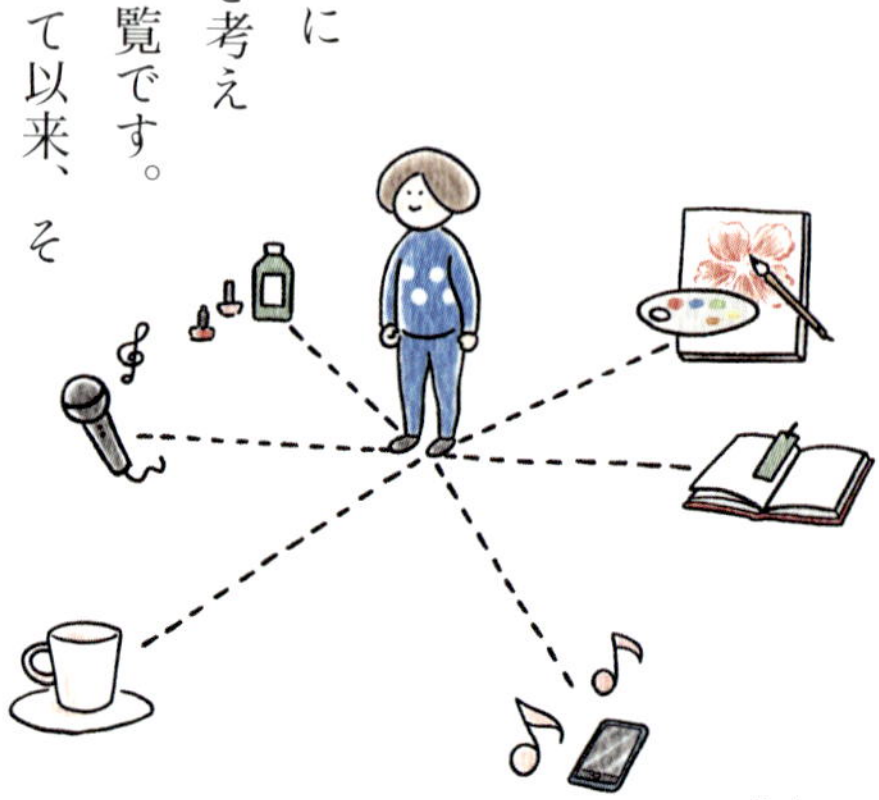

1.「いつやる?」から考える

たくさん書き出すためには、時間帯から考えるのも○。心地よい朝には何をしていた? 寝る前にすると落ち着くことは? など1日の流れをイメージして

2.動詞から思い出す

「観る・読む・食べる」など、動詞からもイメージできる

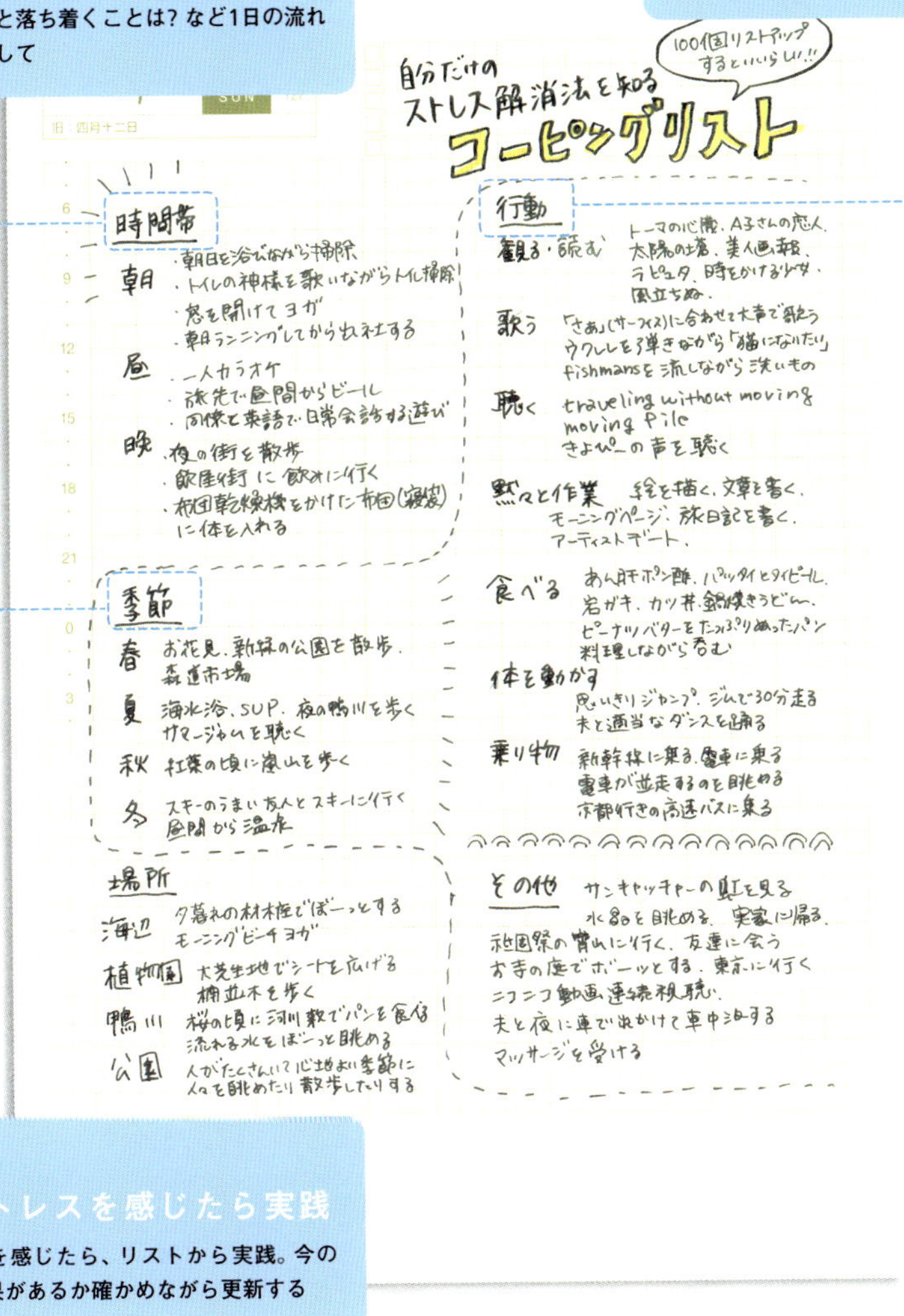

3.ストレスを感じたら実践

ストレスを感じたら、リストから実践。今の自分に効果があるか確かめながら更新する

「コーピングリスト」は、宇宙航空医師の緒方克彦氏が紹介し
日本でもよく知られるようになったストレス対処法。
上は、2017年5月7日に私が初めて書いたもの。

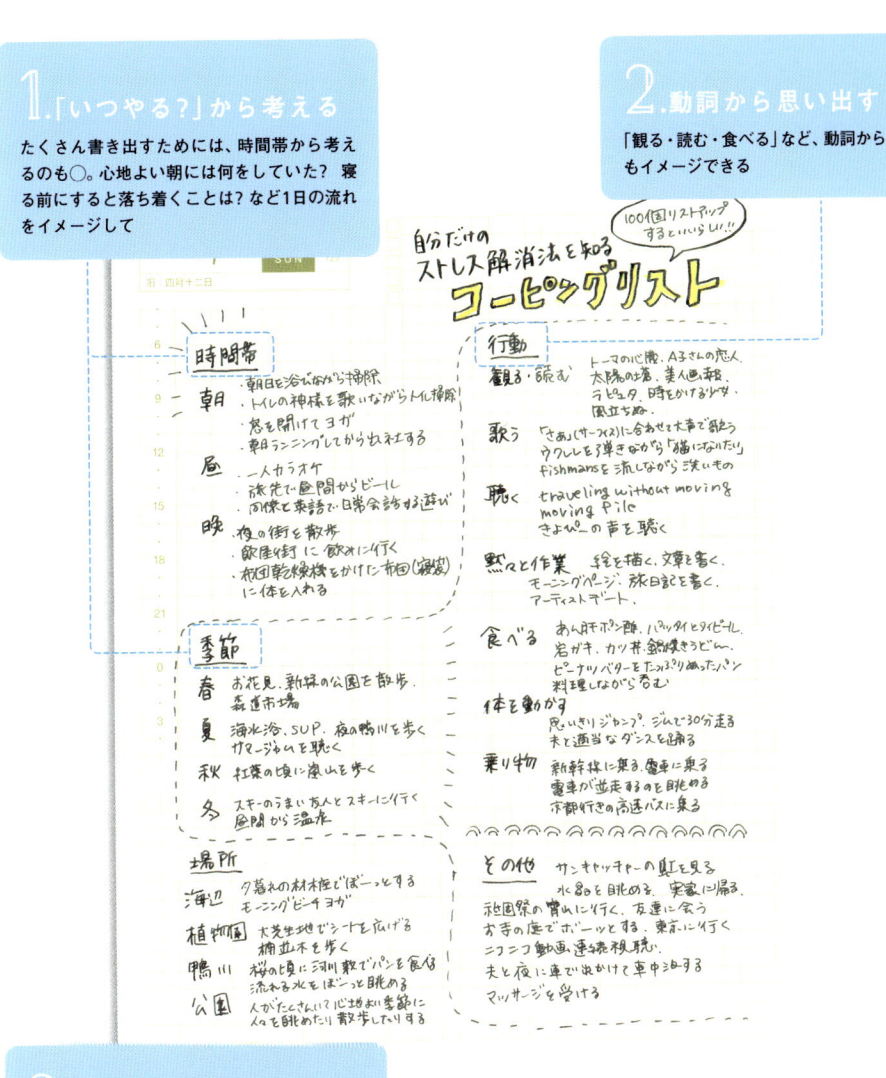

5つのワークが効く理由
――夢を見つけた夫の証言

ここまで5つのワークを紹介してきました。私はこんなことが好きだったんだ、こんなことをしたかったんだなど、何かしら自分を発見し、書くことの効果を感じることができたでしょうか。また、自分を元気づけられる材料が意外とたくさんあることに気づき、たとえ落ち込む日があっても、ノートを開けばどうにかできそう、とホッとしてもらえたら嬉しいです。

ところで、私と夫は仕事の関係上、ほとんど休日が合いません。夫はこれまで、休みでもほとんどどこへも行かず、目的なく過ごすことが多かったそうです。そんな日は「1日無駄にしたかもしれない」と落ち込んでいましたが、これらのワークを試してから、ぐっと行動的になりました。

特に「偏愛マップ」と「やりたいこと100のリスト」は、大きな手応えがあったようです。いろいろな人と会話したり、その思い出を写真に撮る

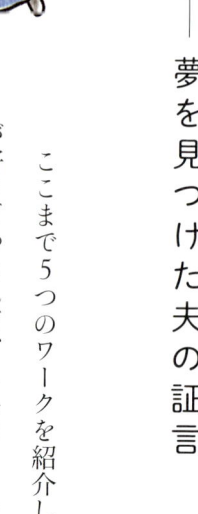

ことが好きだと気づくことができ、自分で宿や電車の切符を取り、自発的に旅に出るようになったのです。

事前に計画を練り、一人で旅をするという趣味に目覚めた夫を見て、私はとても驚きました。「何をしていいかわからずに、今日も家で寝て過ごしてしまった」と滅入っていた頃の夫を思うと、自分のことのように嬉しいです。特に出かける予定がなくても、次の週末、何をしていいかわからないと悩んだり、自分は無趣味だと落ちこむような心配は、まったくなくなったようでした。

自分について深く知ると、やりたいことが広がって、それが夢へとつながります。もし5つのワークのうちひとつでも、終えたあとにワクワクした気持ちが湧いてきたら、その勢いで次の休日に予定を入れてみてください。書くことで未来を動かす、第一歩になると思います。

CHAPTER:3

すっきり書けて、見返しやすい

おふみさん流 基本の書き方

「文・絵・見出し」の3点セットで夢に近づく

よほど強運の持ち主でないかぎり、夢を叶えるためには、コツコツ努力することが必要です。しかし私も、もともとは地道な努力が苦手なタイプ。この「コツコツ」の最中に、ノートを見返すことがよくあります。「大丈夫、こんなにやってきた」、「小さいけどこれは達成できている！」など自分を励ます材料が、ノートにはたくさんあるからです。

そのためにも、ノートは見やすさがとても重要。たとえ半年前のページでも何を書いたかひとめでわかるよう、「文・絵・見出し」の3点セットで書くようにしています。

最初に書くのは文。書く内容はなんとなく決めてからノートを開きますが、下書きはせず、頭の中の言葉をそのまま書きつけます。次は絵。見た物や感じたことを簡単でいいので絵にしておくと、記憶と直接結びつき、見返したときに一瞬でその日を思い出せます。最後は見出し。文と絵、両方を描き終えた後なので気持ちも整理され、「私は結局、今日これについて書きたかったんだ」と、その日の自分を凝縮したフレーズが湧いてきます。これさえ見ればだいたいの内容が思い出される「自分語録」のような存在です。

この章では、文・絵・見出しそれぞれのポイントを紹介します。サイズや順番、注意点など、何かひとつでも参考にしてもらえたら嬉しいです。

1.まずは文から書き始める

かしこまらずに、書きたいことをつらつらと。そのうちに絵のイメージや光る言葉が見つかる

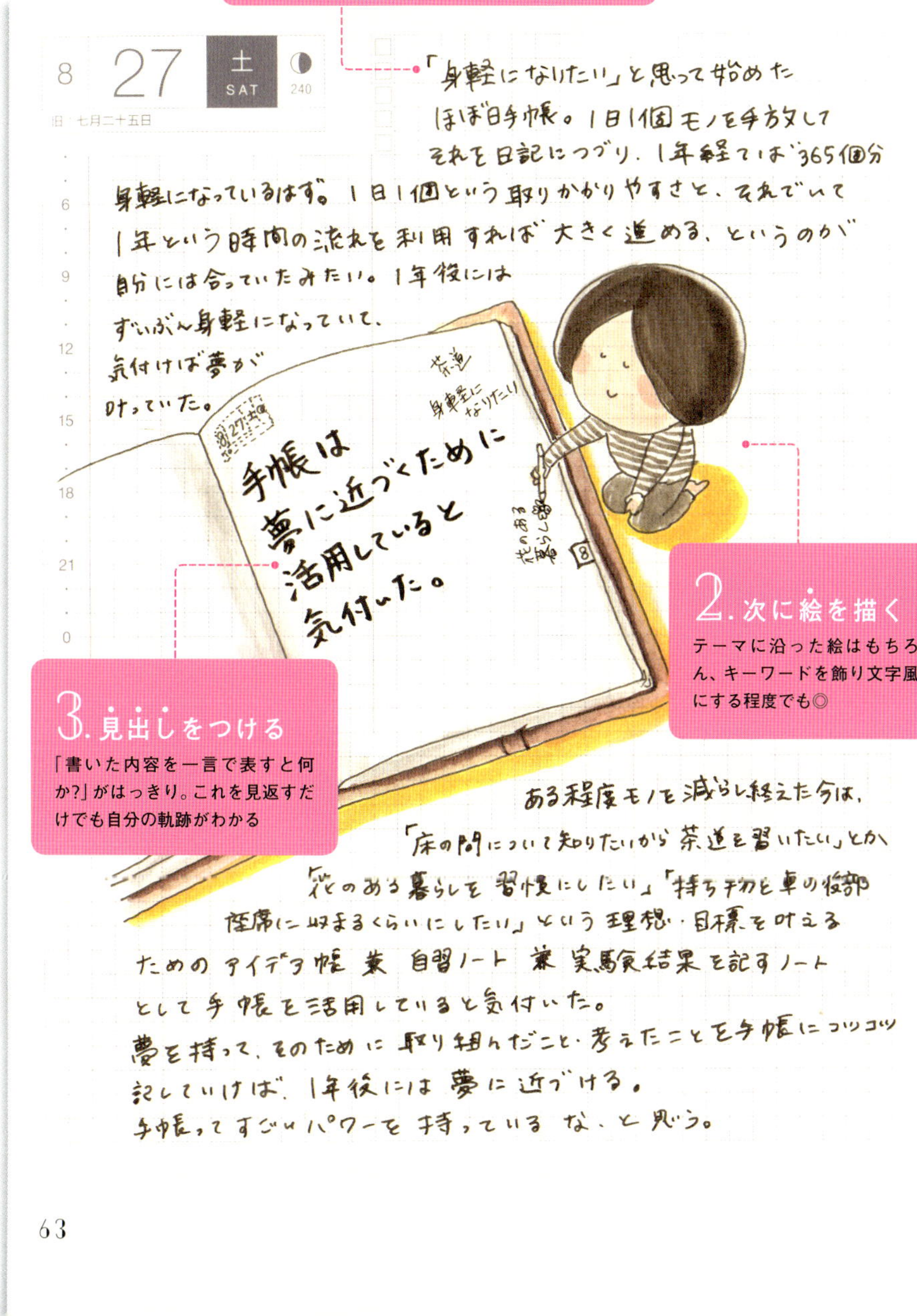
8
27
土
SAT
240
旧 七月二十五日
6
9
12
15
18
21
0
「身軽になりたい」と思って始めた
ほぼ日手帳。1日1個モノを手放して
それを日記につづり、1年経てば365個分
身軽になっているはず。1日1個という取りかかりやすさと、それでいて
1年という時間の流れを利用すれば大きく進める、というのが
自分には合っていたみたい。1年後には
ずいぶん身軽になっていて、
気付けば夢が
叶っていた。
27
茶道
身軽になりたい
手帳は夢に近づくために活用していると気付いた。
花のある暮らし
8
ある程度モノを減らし終えた今は、
「床の間について知りたいから茶道を習いたい」とか
「花のある暮らしを習慣にしたい」「持ち物を車の後部座席に収まるくらいにしたい」という理想・目標を叶える
ためのアイデア帳兼自習ノート兼実験結果を記すノート
として手帳を活用していると気付いた。
夢を持って、そのために取り組んだこと・考えたことを手帳にコツコツ
記していけば、1年後には夢に近づける。
手帳ってすごいパワーを持っているな、と思う。

2.次に絵を描く

テーマに沿った絵はもちろん、キーワードを飾り文字風にする程度でも◎

3.見出しをつける

「書いた内容を一言で表すと何か?」がはっきり。これを見返すだけでも自分の軌跡がわかる

文のコツ

1

やりたいことが連鎖する書き方

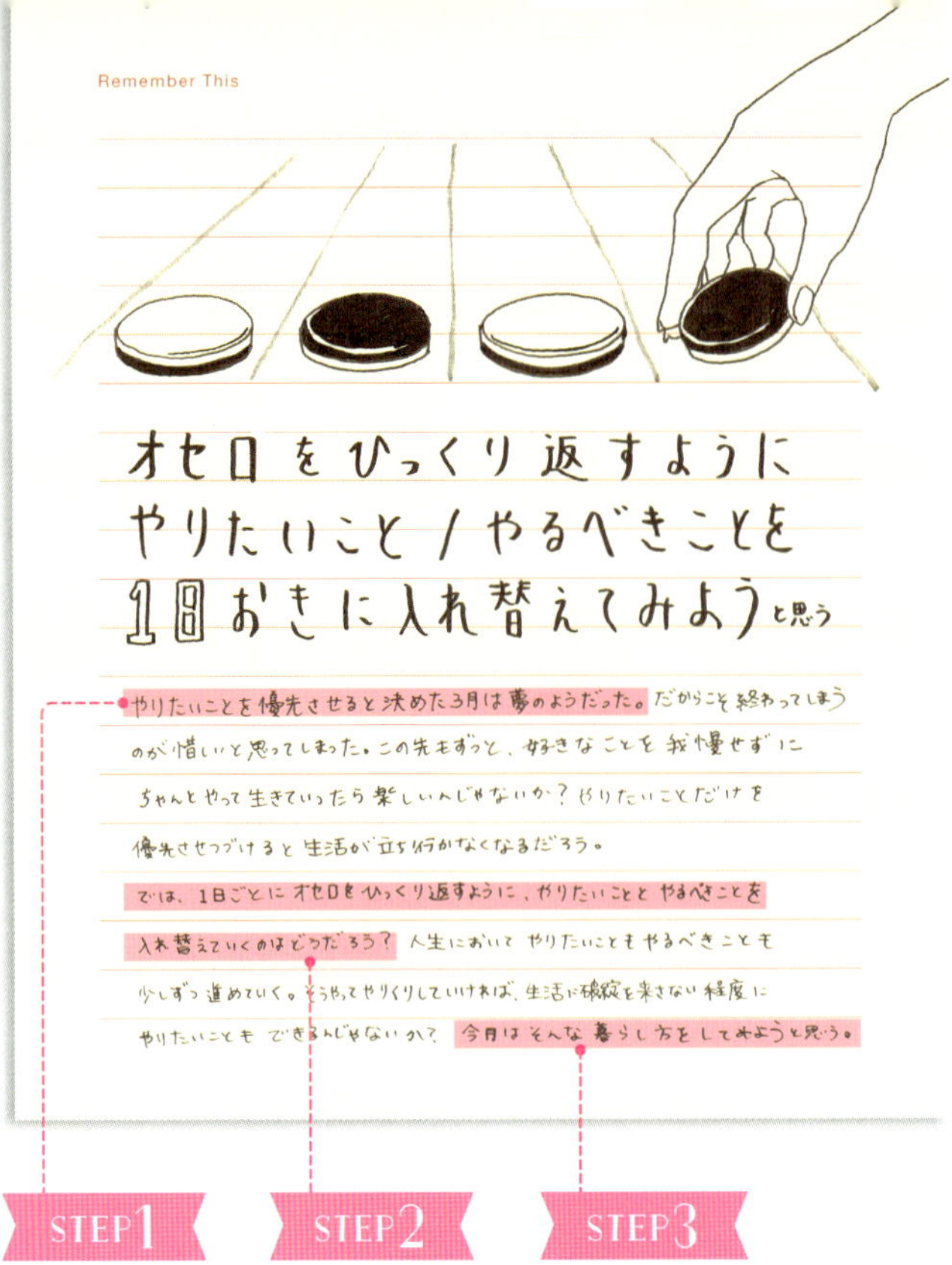

Remember This
オセロをひっくり返すように
やりたいこと/やるべきことを
1日おきに入れ替えてみようと思う
やりたいことを優先させると決めた3月は夢のようだった。だからこそ終わってしまうのが惜しいと思ってしまった。この先もずっと、好きなことを我慢せずにちゃんとやって生きていったら楽しいんじゃないか？やりたいことだけを優先させつづけると生活が立ち行かなくなるだろう。
では、1日ごとにオセロをひっくり返すように、やりたいことと やるべきことを入れ替えていくのはどうだろう？人生において やりたいこともやるべきことも少しずつ進めていく。そうやってやりくりしていければ、生活に破綻を来さない程度にやりたいことも できるんじゃないか？ 今月はそんな暮らし方をしてみようと思う。
STEP1
STEP2
STEP3

文の内容は毎日その日に決めています。今日はこんなことをした、どう感じた、こんなところが不安だな……。事実だけでなく、それに対する思いや悩みまで書けたらチャンス。実行できるかどうかはひとまずおいて、解決案をどんどん書き出します。ノートは自分だけのツール。誰にも遠慮はいりません。

私の場合、「こんなことをしたら今より良くなるかな」など、ふわっとしたアイデアを思いつくままいくつか書いて、その中でできそうなことだけ「次回予告」としてみます。「次回予告」は未来の自分への置き土産。夢のためにやりたいことが、具体的になって連鎖します。

STEP1 行動や気持ちを思い出してみる

「夢のために」と堅苦しく考えなくても、その日の行動、気持ちを振り返ってみると、夢につながることを意外としていたりするものです。大事なのは、ノートを開いたら、丁寧に自分と向き合うこと。今日はこんなことがあった、こんなことを思ったと書き出すうちに、モヤモヤしていた思考がほどけていきます。

例：パソコンの
動きが悪いけど、
データを溜め込み
すぎているのかな？

STEP2 「こうしたらいいかも？」を遠慮なく

悩みや心配事を書きたい気持ちの日は、むしろチャンスだと思いましょう。まずは気持ちを吐き出してOK。ただし、ネガティブな言葉ばかり続いているなと気づいたら、ペンを一瞬止めてみて。その気持ち、今より少しでも軽くするにはどんなことができるかな？ 実現可能かどうかは気にせずに、まずはどんどん書いてみよう。

例：写真を
整理しよう。
クラウドサービスを
使ってみよう。

STEP3 未来につながる「次回予告」

STEP2で書き出したアイデアの中から、実際にやってみたいこと、できそうなことを探して「次回予告」にしてみませんか。未来の自分へ、夢に向かうための置き土産です。ワクワクするような宿題は、次の日が来るのもノートを書くのも楽しみにさせてくれるはず。

次回予告：
クラウドサービスは
特に気になる。使い
方を調べてみよう。

文のコツ

2

ツイッターなら何回分？

文を書き始めるときは、今日はどれくらい書きたいか、文字量の目途をつけておくとスムーズ。増えすぎてバランスが崩れたり、足りなくて微妙な空間ができたりするのを防げます。

私は「ツイッターなら何回分か」でその目安を考えています。1ツイートは最大140字。それが1回分で済みそうか、もう少しあるか、3段階くらいでイメージします。

1回分で済みそうなら、絵がメインの絵日記風や見出しをどーんと大きく書く構図がおすすめ。2回分くらいならページの約1/3を、3回分以上なら4/5くらいを文にあてています。

8 26 金
今、気になるもの
MUJI HUT
2人利用を想定した25m²。深澤直人さんがデザイン。まだ発売されてはいないのだけど、とても気になる…。今、我が家の家財道具は冷蔵庫と洗濯機を除けばSUVの車の後部座席に収まるくらいだと思うので、25m²あれば十分暮らしていけそう。

1/4ページくらい

つぶやき1回分くらいかな

150字前後。短い文なら3～5文入ります。この量なら、ノートの1/4くらいに収まります。

1回だとちょっと足りないくらいかな

300文字前後書きたいときは、ノートの1/3くらいを確保します。短い文で、ふたつくらいのテーマを書きたいときなどに。

1 28 土 SAT
冷蔵庫なし生活
…は、さすがに厳しい…

冷凍庫が壊れました。

…と思ったら、
冷蔵庫も冷えてないぞ…??!

…冷蔵庫、壊れました。

大きい冷蔵庫は買いものの回数を減らせるし、作り置きも存分に入れられる…

でも週2で買い出しする今の方が食材を使いきることができている気がするし…

小さい冷蔵庫の方がいいのか…？悩む…。

家電ってなぜ立て続けに壊れるのでしょうか？年明けに、冷凍庫が壊れて、氷が水になっていました。それまで週1回だった買い出しを、水曜・日曜の週2回にすることで、冷凍庫なしでもなんとかやれることがわかりました。

が、ある日、冷蔵庫内に手を入れた時に気付いてしまいました。

あれ…室温と同じじゃないか…？キッチンは常に10℃を下回る冬場ゆえ、冷蔵庫の故障に気付くのが遅れました。冬の間は問題ないけど春が来る前には何とかしなければ…しかし冷蔵庫って高い……。

とりあえず一番上からスタート

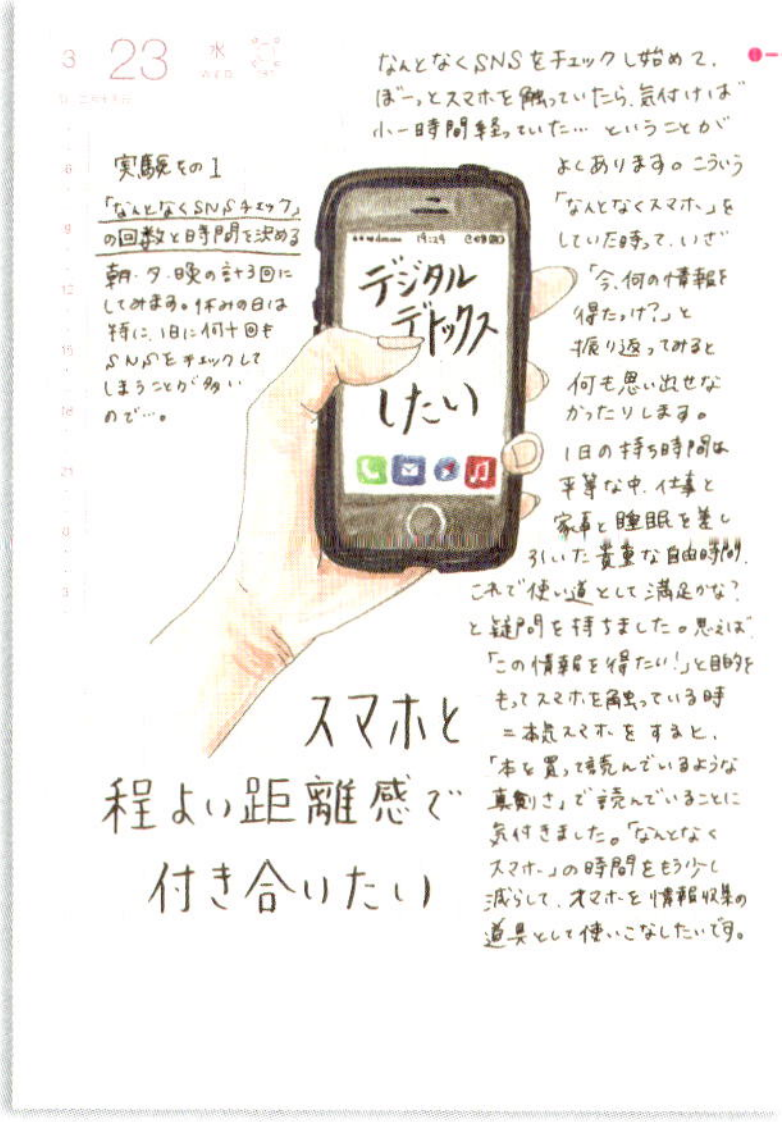
3 23 水
なんとなくSNSをチェックし始めて、ぼーっとスマホを触っていたら、気付けば小一時間経っていた… ということがよくあります。こういう「なんとなくスマホ」をしていた時って、いざ「今、何の情報を得たっけ?」と振り返ってみると何も思い出せなかったりします。1日の持ち時間は平等な中、仕事と家事と睡眠を差し引いた貴重な自由時間。これで使い道として満足かな？と疑問を持ちました。思えば「この情報を得たい!」と目的をもってスマホを触っている時＝本気スマホをすると、「本を買って読んでいるような真剣さ」で読んでいることに気付きました。「なんとなくスマホ」の時間をもう少し減らして、スマホを情報収集の道具として使いこなしたいです。
実験その1
「なんとなくSNSチェック」の回数と時間を決める
朝・夕・晩の計3回にしてみます。休みの日は特に、1日に何十回もSNSをチェックしてしまうことが多いので…。
デジタルデトックスしたい
スマホと程よい距離感で付き合いたい

1/3ページくらい

今日はけっこう溜まってる……

450文字以上じっくり書きたいときに。「今日はなんだかモヤモヤしてる」「今月の振り返りをしたい」など書きたいことがたっぷりある日はこのパターン。

文のコツ
3

どこかしらにユーモアを

文のコツ、最後は「言葉使い」。私は見返すことを前提にノートを書いているので、未来の自分が読んだときにストンと受け止められる文にしたいと思っています。

未来の自分。それは、最も親しい友人のような存在です。そう考えると、いくら親しくても愚痴ばかりでは読むのがつらいかもしれません。ならば表現を少し変えてみようかな、最後はクスッと笑えるような冗談でも足そうかな、などポジティブ変換も浮かびます。

ふっと和める語調になると、読み返すのも楽しみに。未来の自分が前向きになれるかもしれません。

友人への手紙だと思って書くと、自然と、自分で読み返したときにもほっこりする文になる。

ネガティブワードが出そうなときは?

➡言葉は多面体。言い替えやユーモア化を試してみる

「言葉は多面体」。これは書くときに限らず、私のモットーです。
というのも、ネガティブワードの刷り込み力は大きくて、見返したときもかなり強烈に発揮されてしまうから。「嫌い、むかつく」こんな言葉が湧いてきたら、「好きじゃないと感じた、こうしたら少し変わるかも」などマイルドな言い替えを一度試してみてください。

ポエムっぽくなると後悔する?

➡ノートはあくまで自分のもの。好きな言葉を書こう!

私の場合、見出しの一文目はほとんどポエム。コピーライターになりきるくらいのつもりで書いています。恥じらう気持ちもありますが、自分の心が感じたことをノートでは大事にしたいから。ノートの中では、人目を気にしなくていいのです。自分の魂を思いっきり喜ばせるような言葉を書いて、気持ちよく夢へ向かいましょう。

絵は癒しであり記憶術。ノートを楽しくする必需品

「身軽になりたい」と真剣に願い、ノートをつけ始めた2015年。1日1断捨離してはそれを書くのが楽しくて、ページの上半分以上はどーんと物の絵が占めています。無我夢中で目と手を動かし絵を描く時間は、とても楽しいものでした。楽しいことは、明日も、そのまた明日もしたくなります。今までいろいろな習慣が三日坊主になりがちだった私にとって、自発的に続けられるのは何よりの魅力。それだけで、絵は欠かせない要素になりました。

忙しい時期などノートを開くのがすこし億劫に感じた日も、絵は楽しみをくれました。自分のゆるキャラをちょこっと添えるとほっこりしたり、美しい香水瓶を描くと無心になれたり。文だけではきっと生まれなかった、癒しを感じさせてくれたのだと思います。

文を書くのが好きな人には、文がこの役割をしてくれるのかもしれません。

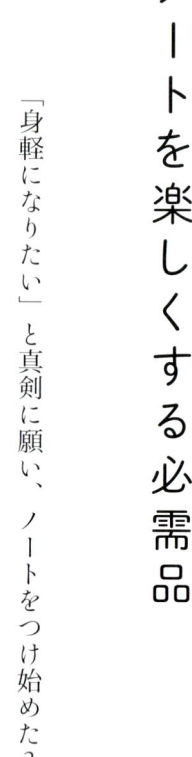

ただ、もしまだチャレンジしたことがなければ、ぜひ一度トライしてみてほしいです。うまく描けても描けなくても、ほんの簡単な絵で十分。自分の描いた絵がチラッと入っているだけで、ノートがもっと楽しくなると思います。

また、記憶に残る鮮明さも、絵があるかないかで大きく変わる気がしています。たとえば感動した本について書きたい日。印象深いシーンがあればその情景、表紙にぐっときたらその表紙、内容とリンクして思い出した実体験があればその出来事などを絵にしています。もしこれが文字だけだったら……。ページをパッと見返すだけでは、鮮明な記憶をすぐ取り戻すことができません。文をじっくり読み直すまでもなくその日を思い出せるのは、絵のおかげだと思います。

絵は、癒しであり記憶術。人生を味わい尽くすために、一役買ってくれる記憶のトリガーだと思います。

飾り文字を描いてみよう

厳密な「絵」の定義からは外れますが、たとえば見出しや、大事だと思った文の一部を飾り文字にしてみるのはどうでしょう。線を太くしたり影をつけたりするだけでもぐんと雰囲気が変わるので、絵に苦手意識がある人にもおすすめです。雑誌やポスターのかっこいい文字を参考にしてみるのもひとつの手。

RANKING
December
22
お腹減った

2 7 土
038
旧：十二月十九日
6
9
12
15
18
21
0
3
3種類の飾り文字でメリハリを
手放したいけど手放せない
iOG
10 GRAPHIC. INC.
帆布ショルダーBAG
真っ赤とか真ッ青が好きで、さらに帆布と見ると、バッグが欲しくなっていた時期があり買いました。全身黒コーデにこのバッグを合わせたい！と思い購入したが真っ黒ワンピースも持ってないし、バッグをおろした時地味になりすぎますよね？等と考え、しかも服の色を選ぶので中々最近は使っていませんでした。手放したい、でもこの色やっぱり好き。今日も手放せない…。

小物をひとつ

食べたもの、お気に入りの器、読んだ本……。物にチャレンジするときは、手の平くらいまでの小物から始めてみるのがおすすめです。また、「全体の形を描けそうだな」と思える物を選ぶのもコツ。たとえば、出来上がったアップルパイを描くのは難しくてもリンゴなら? 同じテーマを書くとしても、輪郭をとらえやすいモチーフにすればハードルがぐんと下がります。

2 14 日 SUN
サンキャッチャーが欲しい
もうかれこれ半年以上 欲しいな〜と思い続けているものがあります。
それがサンキャッチャー。窓辺に吊るして、太陽光を集めて 部屋の中に
キラキラと虹をつくってくれるもの。朝の時間が楽しくなりそうだなと。
木のものがいいな〜と思っているのですが、現物を手に取って検討したい。
「買ったはいいがすぐ手放す」なんてことにならないように買い物には慎重になりたいです。

2 25 水
marks&webで
もらったラベンダーの
ドライフラワーを
1年近く洗面所に
飾っていましたが、
見る度に「ホコリが
たまってそうだな」と思い
気持ちが落ち込むので
断捨離しました。
愛書「ガラクタ捨てれば未来が開ける」で
カレン・キングストンが
「死んでるもの
=ドライフラワーを
飾るのは
よくない」と
言っていました…。
DRY FLOWER
断捨離したもの
生花を枯らさずに
飾る甲斐性もないので
ひとまず花類は
飾らないことにしました。

服を描くなら
人ナシ&平面が簡単

欲しいものリストを作るとき、服のイラストが描けると便利。人が着ている様子が難しければ、アイコンのように平面的に描くのはどうでしょう。
コツは、一つひとつが四角の中に収まるように意識すること。はじめのうちは、薄く枠を引いてから描くとバランスをとりやすくなります。

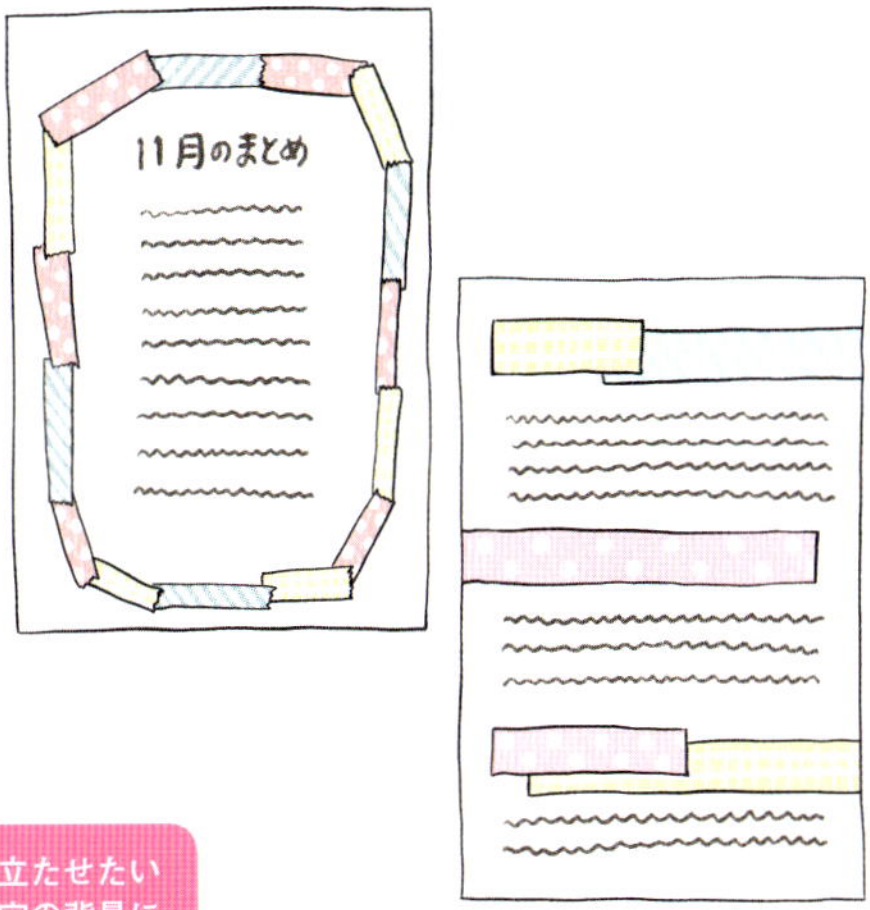

マスキングテープは強い味方！

困ったらマスキングテープに頼りましょう。見出しや日付のまわり、文章を囲むように貼れば、簡単にページを飾れます。またP.55で紹介した短冊のような使い方もひとつの手。

シンプルな柄や単色の方がいろいろな場面で使えますが、自分の好きなものを見つけて気軽に使うのがおすすめです。

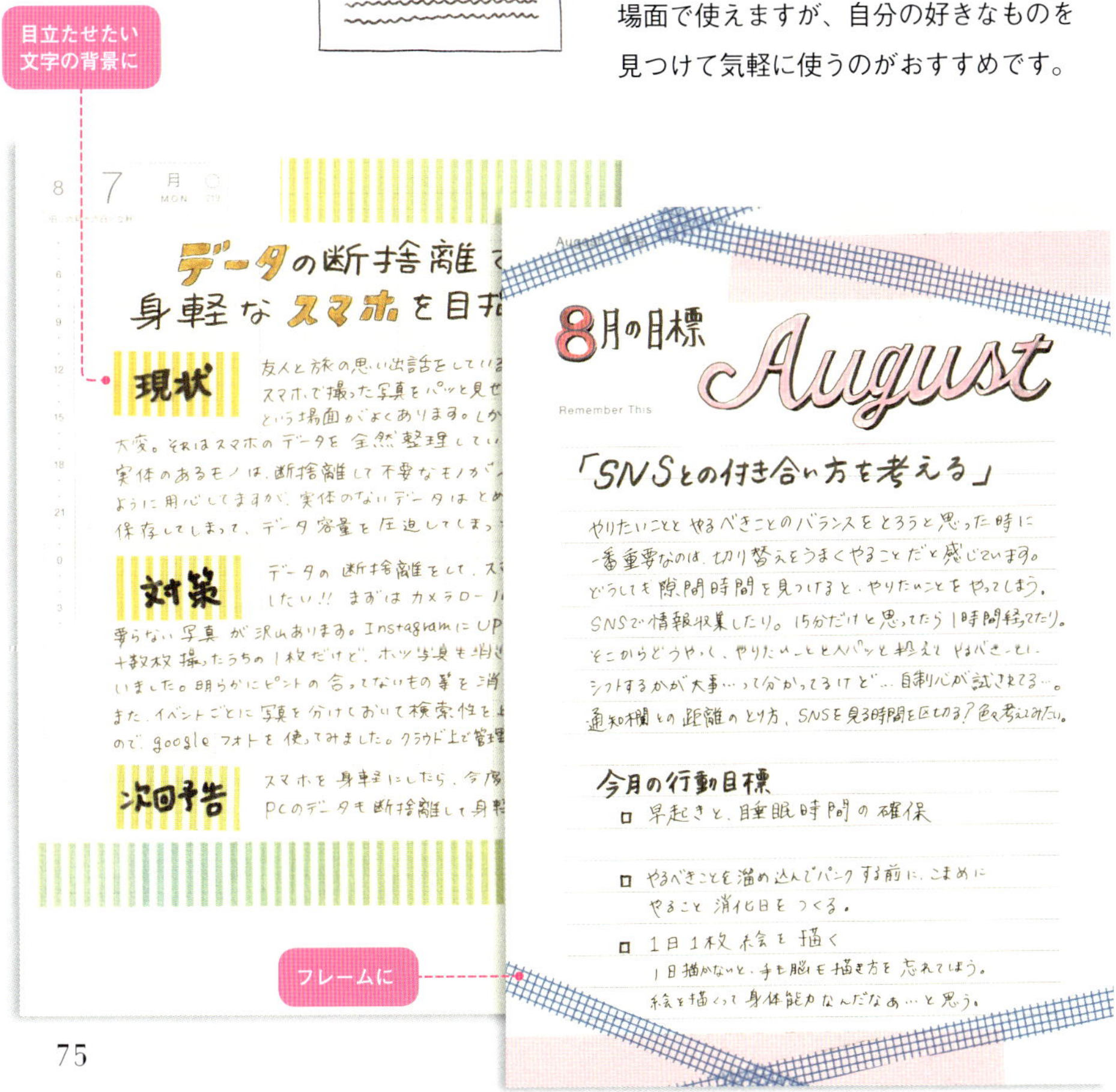

自分だけのゆるキャラ

簡単な絵ならすぐ描けそうという人には、自分だけのゆるキャラを作ってみるのもおすすめ。文章だけでは浮かばなかった言葉や気持ちも、キャラクターを通すと、なぜだかサラリと浮かんできたりもします。

自分の似顔絵や好きな動物など何でもOK。描くたび愛着が湧いてきて、ノートが楽しくなってきます。

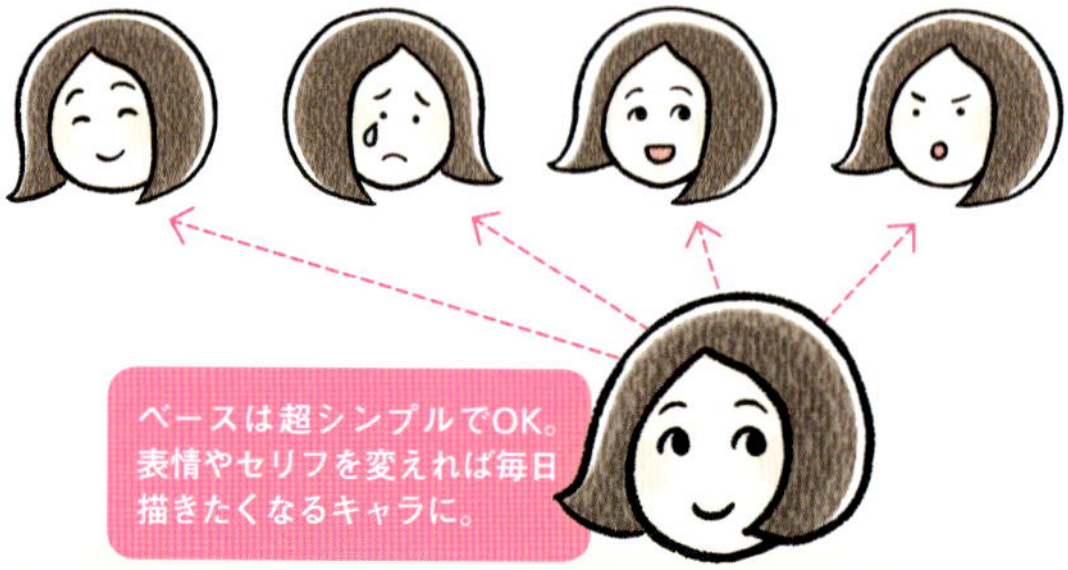
ベースは超シンプルでOK。
表情やセリフを変えれば毎日
描きたくなるキャラに。

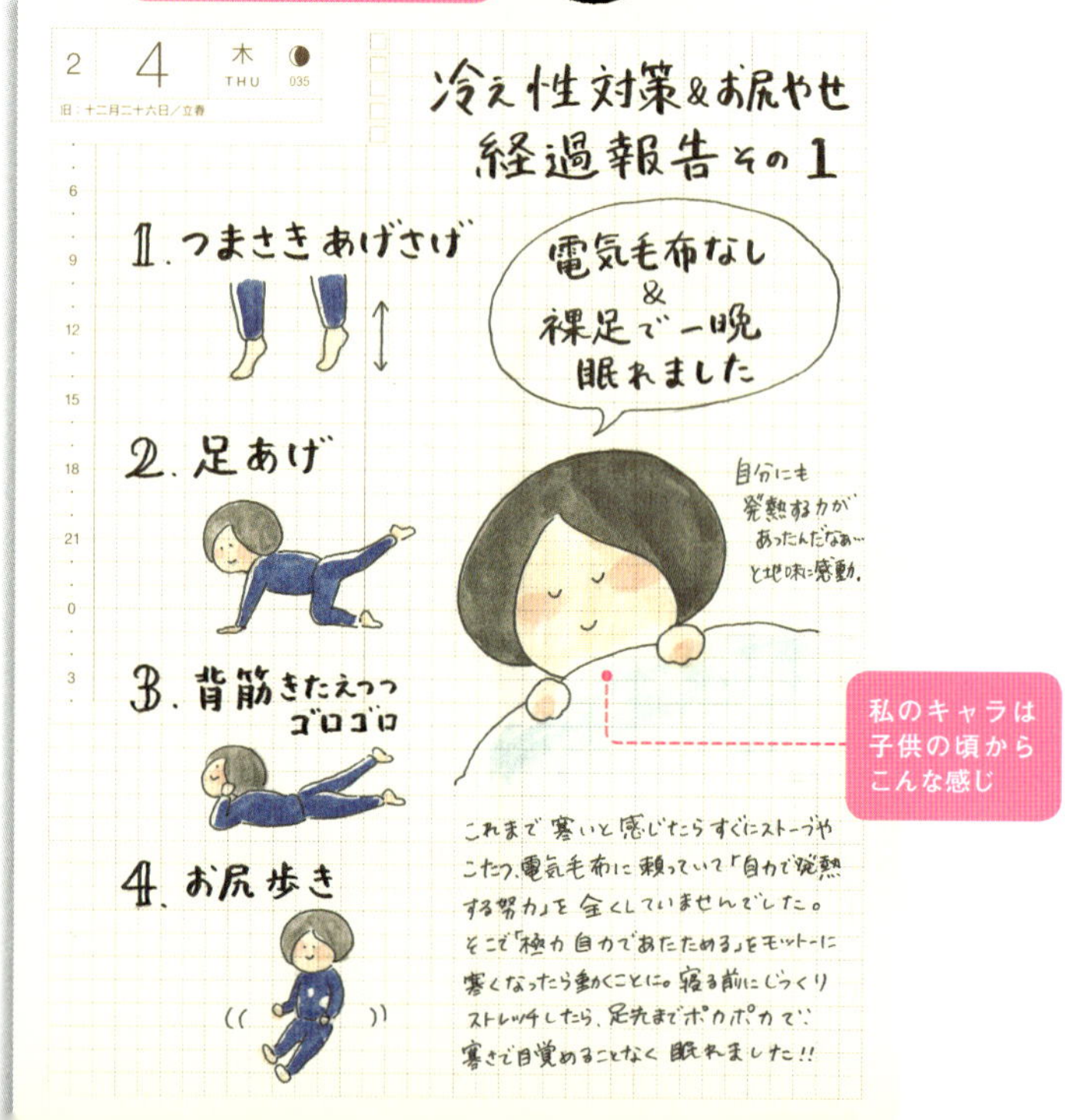
2 4 木 THU 035
旧：十二月二十六日／立春
冷え性対策&お尻やせ
経過報告その1
1. つまさきあげさげ
2. 足あげ
3. 背筋きたえつつ ゴロゴロ
4. お尻歩き
電気毛布なし & 裸足で一晩 眠れました
自分にも発熱する力があったんだなぁ…と地味に感動。
これまで寒いと感じたらすぐにストーブやこたつ、電気毛布に頼っていて「自力で発熱する努力」を全くしていませんでした。そこで「極力自力であたためる」をモットーに寒くなったら動くことに。寝る前にじっくりストレッチしたら、足先までポカポカで寒さで目覚めることなく眠れました!!
私のキャラは
子供の頃から
こんな感じ

お気に入りを丁寧に

「これを描きたい」と思う気持ちが自分らしさだとしたら、絵の上手・下手で諦めず、好きな物を自由に描けたらいいなと思います。その一歩としておすすめなのが、小さめの物を丁寧に、立体的に描く練習。実物を模写するだけでなく、スマホで撮った画面を見ながら影や光もそのまま描き写してみると、立体物をルールをつかみやすいです。

1. 実物を近くに置いて見ながら
repetto
オードトワレ
中学生の頃に安野モヨコさんの
「美人画報」を読んでからずーっと憧れだったのが
香水をつける、ということ。でも、「コレ」という
ものを選べなくて買えずにいたのですが、
TKOの木下さんが「見た目が好き！という
理由で選んでもいい」「服のコーディネートに合わせて
香りを選ぶ」と、ラジオで話しているのを聴いて、
素敵だなーと。見た目×香りで、これを
選びました…眺めてるだけでも楽しいです。
2. スマホで撮った写真を見ながらだと描きやすい
香水を買った
3. 影は暗く。反射は白っぽく。見えたまま描くと立体的に

全身コーデで服をチェック

服を着た状態で描くのはちょっと難易度が高め。でもせっかくコーディネートを考えるなら、着用カットにトライしてみませんか。ウェブや雑誌でも着用シーンを見るとイメージが膨らむように、絵も全身像で描いてみると細かい部分まで気づけます。手持ちの服もこれから着てみたい服も、自分の髪型や小物を思い出しながら描いてみませんか。

全身像を描くコツ

1. 実際に着てみて撮影を。自分で鏡越しに撮るか、人にお願いして。これから着たい服の場合は雑誌や広告を参考に。

2. 1の写真を見ながら描く。このとき、頭・胴・腰下の比率を意識するとうまく仕上がる（左頁参照）。

3. 裏から透かして見て確認。歪みや左右のバランスがパッと見てわかるので、気になるところを修正する。

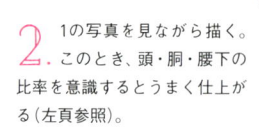

私服の制服化
夫と近所に
ちょっと出かけ
旧：四月二十三日
6
9
12
15
18
21
0
3
舗装された地面の上を歩く時に。白の革で上品に仕上がる。
HYKE×adidas スニーカー
とにかく歩く時。舗装されてない地面を歩く時にも。くつ下脱げばそのまま海も入れる。
teva スポーツサンダル
白くつ下だと肌を見せてるような抜けがあって好き。優等生風。
黒パンプス×白ソックス
晩ご飯食べに行ったり本屋さんに行ったり近所に出かける時、本当に制服かってくらいいつも同じ服を着ている。
お腹まわりがラクで肩がこらないところが好き。
無印 ボーダーT
ハーフムーンバッグ
黒スカンツ
クツはその時の気分で
頭1
胴2
腰下4

小物をひとつずつピックアップするのもわかりやすい

だいたい頭1：胴2：腰下4にするとバランス良く仕上がる

文を先に書くときは、全身像を描くスペースをだいたい決めておく

物を「手」と一緒に描く

大きさが特徴の物や初めて知った珍しい物を描く場合、手を入れるとサイズ感が伝わりやすくなります。

たとえば下は、旅用のタオルを買った日のノート。コンパクトなサイズ感を伝えたいのに、物だけだとそれがよくわかりません。手に持たせれば一目瞭然。寸法を描き込むよりもスッキリまとめられました。

描く手順

1. 手に持ち、構図を決める。描くときにまた同じポーズで確認できるよう利き手でない方に持つ。
2. 撮影。
3. 写真を見ながら描く。持ちながら描くより難易度もダウン。

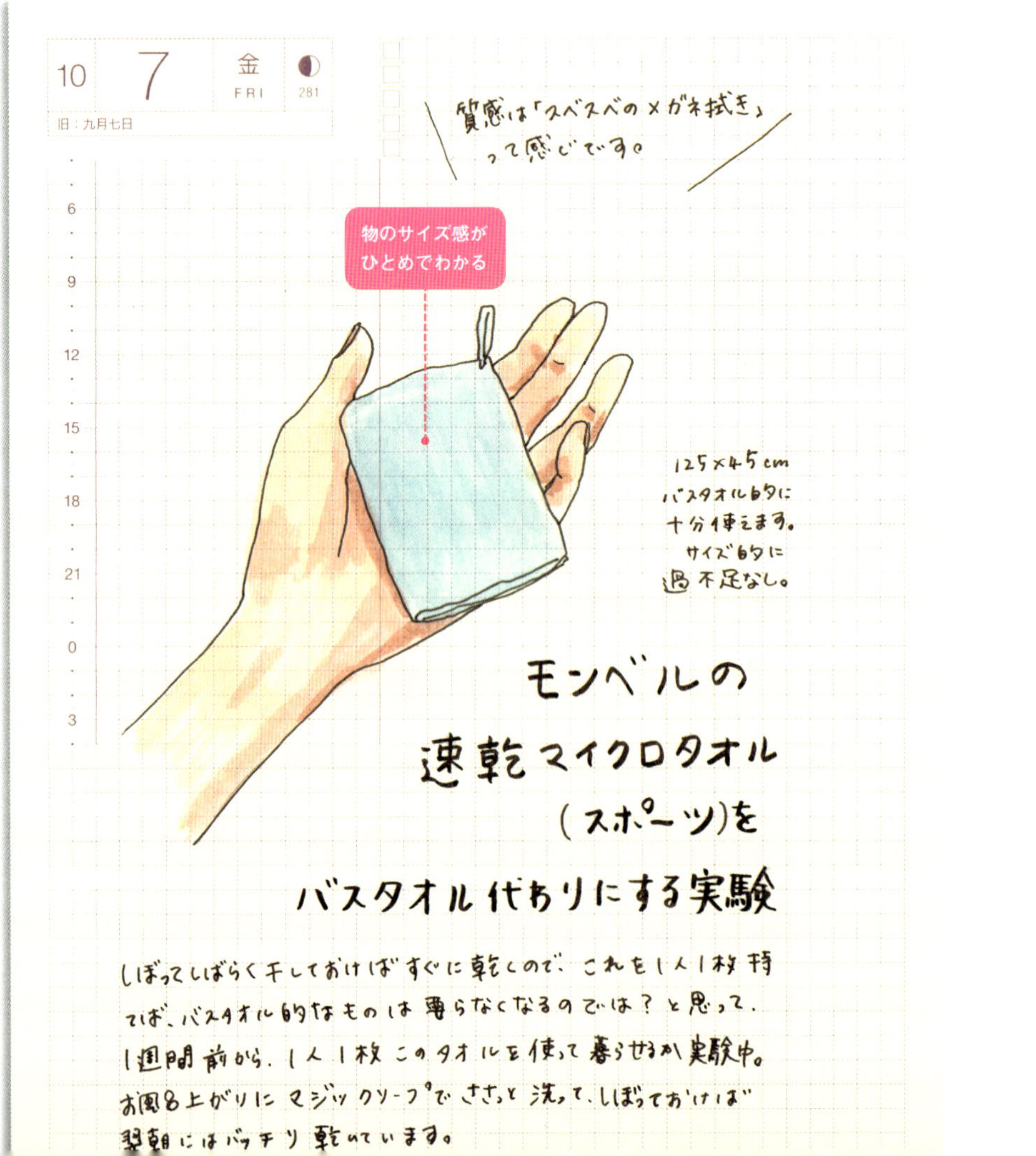

10
7
金
FRI
281
旧：九月七日
6
9
12
15
18
21
0
3
質感は「スベスベのメガネ拭き」って感じです。
物のサイズ感がひとめでわかる
125×45cm
バスタオル的に十分使えます。
サイズ的に過不足なし。
モンベルの
速乾マイクロタオル
(スポーツ)を
バスタオル代わりにする実験
しぼってしばらく干しておけばすぐに乾くので、これを1人1枚持てば、バスタオル的なものは要らなくなるのでは？と思って、
1週間前から、1人1枚このタオルを使って暮らせるか実験中。
お風呂上がりにマジックソープでささっと洗って、しぼっておけば
翌朝にはバッチリ乾いています。

1日のいろいろを詰め込む

旅行中など描きたいシーンがたくさんある日は今日の出来事を詰め込みます。一つひとつは小さな絵でも、集合させると描き終えたときの充実感もひとしお。私は3～4シーンを組み合わせることが多いですが、そのうちひとつ以上は人が入ったシーンを選ぶといきいきしたページになります。

描く手順

1. 撮っておいた写真を見返し、描きたいシーンを選ぶ。
2. 何個描くか、どこに描くかなどだいたいの配置を決める。
3. 絵と文をセットで描いていく。

9 3 土 SAT 247
旅日記に最適!
鎌倉ぶらり旅
江ノ島を眺めてのんびり…
「浜辺で海を眺めてただぼーっとする」これをやりたくて鎌倉旅を決めたようなもの。波間で遊ぶ人を眺めてchill outしました。
SUP YOGA
ボードの上であお向けに寝転んで足先を海にひたしてシャバアーサナ、最高。
材木座テラスで晩ごはん
海を眺めてごはん。雨がザーッと降った。
ゲストハウス耳日でごはん持ち寄り会
アットホームなゲストハウス。初めて会った人といろんな話ができておもしろかった。

見出しづくりは思考の整理に役立ちます

私のノートの3点セット、最後のひとつは「見出し」です。

見出しは、たとえなくてもノートを書くには支障ありません。ただ、私は見出しを「自分語録」だと思っています。その日あったことを自分の言葉で要約し、しっくり落ち着くフレーズに凝縮した一文。それは自伝の目次のようになって、見返したときに記憶をクリアによみがえらせてくれるのです。

とは言え、ピンとくるフレーズをいつも簡単に思いつくわけではありません。私もはじめは苦労することが多かったですが、訓練のように続けるうちにいくつかコツを見つけました。

まず、見出しは最後につけること。文を書いて絵を描いて、自分の中から思いや情報を吐き出しきった後のほうが、これぞという言葉が見つかります。

また、まったく新しい言葉を無理にひねり出そうとするのではなく、既に書いた文の中から光るフレーズを探すのも手。人間は目で見たときと耳から

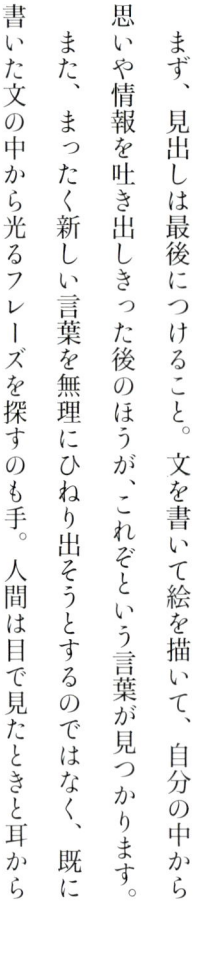

聞いたときで情報の感じ方が変わるそう。書いた文を声に出して読んでみると、キラリと光るその日の「核」が案外見つかりやすいので、「今日はこのあたりで特に気持ちが盛り上がったな」という文を中心に何度かつぶやいてください。そのうちに「これかな」と思える単語や言いまわしに気づいたら、そこをもう一度読んでみたり、ですます調をである調に入れ替えたり。まわりに人がいるときは心の中で読み返し、自分の中でしっくりきたら完成です。

見出しがあるとページがグッと引き締まり、描き上げた瞬間の達成感も高まります。また、一冊を通じて見出しを読み返してみれば、これまでの歩みがひとめでわかります。夢に向かっていく日々の中では、この行為がやる気を持続させるのに役立ちます。

ブツブツ
ブツブツ…
コレだ!!

こんな見出しをつけてきました

今までのノートを見返すと、ひとつの夢を長期的に追っていた時期もあれば、その日だけの強烈な思いや、数日で完結した願いもあります。ただ見出しはいつも、その日の自分を象徴するフレーズをつけてきました。ゆるい語調の日はゆったりとしていた自分を、格言風の日は強く決意した自分を、数年経っても思い出します。

6 7 水 WED 158
ただ、電車に乗るだけの旅
乗り鉄の気があるのか、ただ電車に乗るのが好き
家でじーっとしている時には浮かばないような考え
流れていく景色に合わせて、するする湧いてきて、
いつまでも乗っていたくなります。本当に、何の目的も
2時間半電車に揺られ、辿り着いた駅でお寿司食べ
帰ってきました。贅沢な時間だなと思いました。また

その日したこと

「したこと＝叶えたかった夢」の日は、行動をそのまま見出しに。これは忙しさで心が折れそうな頃、「本能が喜ぶことをする」という夢を実現した日のノート。

叶えた夢をシンプルに

大事な気づきを格言風に

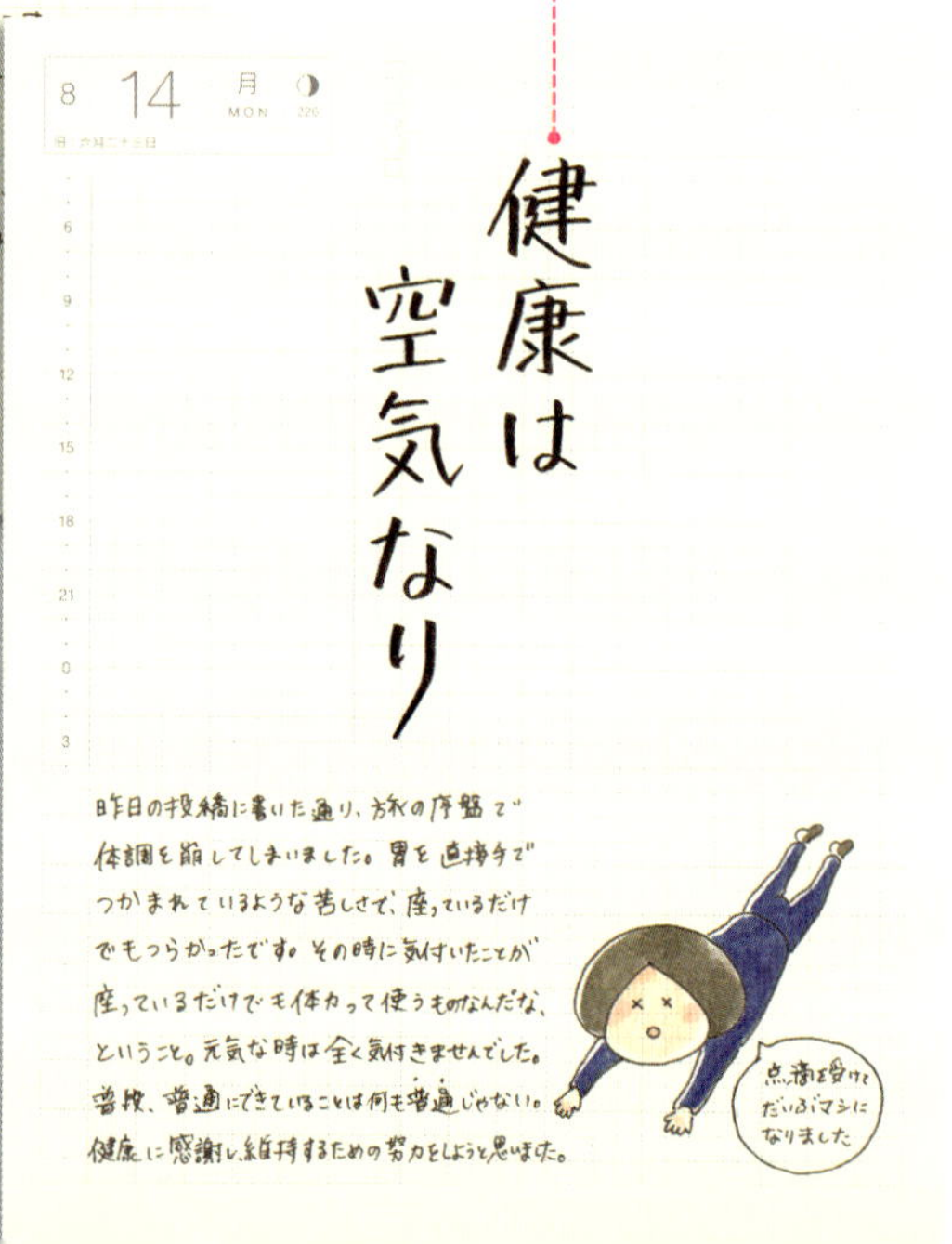

8 14 月 MON 226
健康は空気なり
昨日の投稿に書いた通り、旅の序盤で
体調を崩してしまいました。胃を直接手で
つかまれているような苦しさで、座っているだけ
でもつらかったです。その時に気付いたことが
座っているだけでも体力って使うものなんだな、
ということ。元気な時は全く気付きませんでした。
普段、普通にできていることは何も普通じゃない。
健康に感謝し、維持するための努力をしようと思いました。
点滴を受けてだいぶマシになりました

文を書いていて気づいたこと

頭に浮かんだことをつらつらと書いているうちに、気づきを得ることも。語呂のいい一文に収まるまで声に出して読んでみて、しっくりきたら見出しにします。

4 16 木
私服の制服化その2
春秋のお出かけ
上ぴったりめ下ゆるっとのシルエットが好きみたいだと気付きました。大好きなボーダーをゆるっとラクに、それでいて女らしく着たいと思います。
これは!というボーダー
×
ゆるっとしたパンツ
×
スッキリしたバレエシューズ
×
白トート
きゃしゃなベルトがいいな
黒のバレエシューズ

定期的に書くテーマ

叶えるのに時間がかかる夢は、何度も同じテーマを書いたりします。たとえば私は「着る服に悩みたくない」という夢があったとき、私服の制服化を定期的に考えていました。見出しは自分なりのロゴ風に決め、毎回このデザインで迷わないようにしていました。

デザインを決めておくと効率的

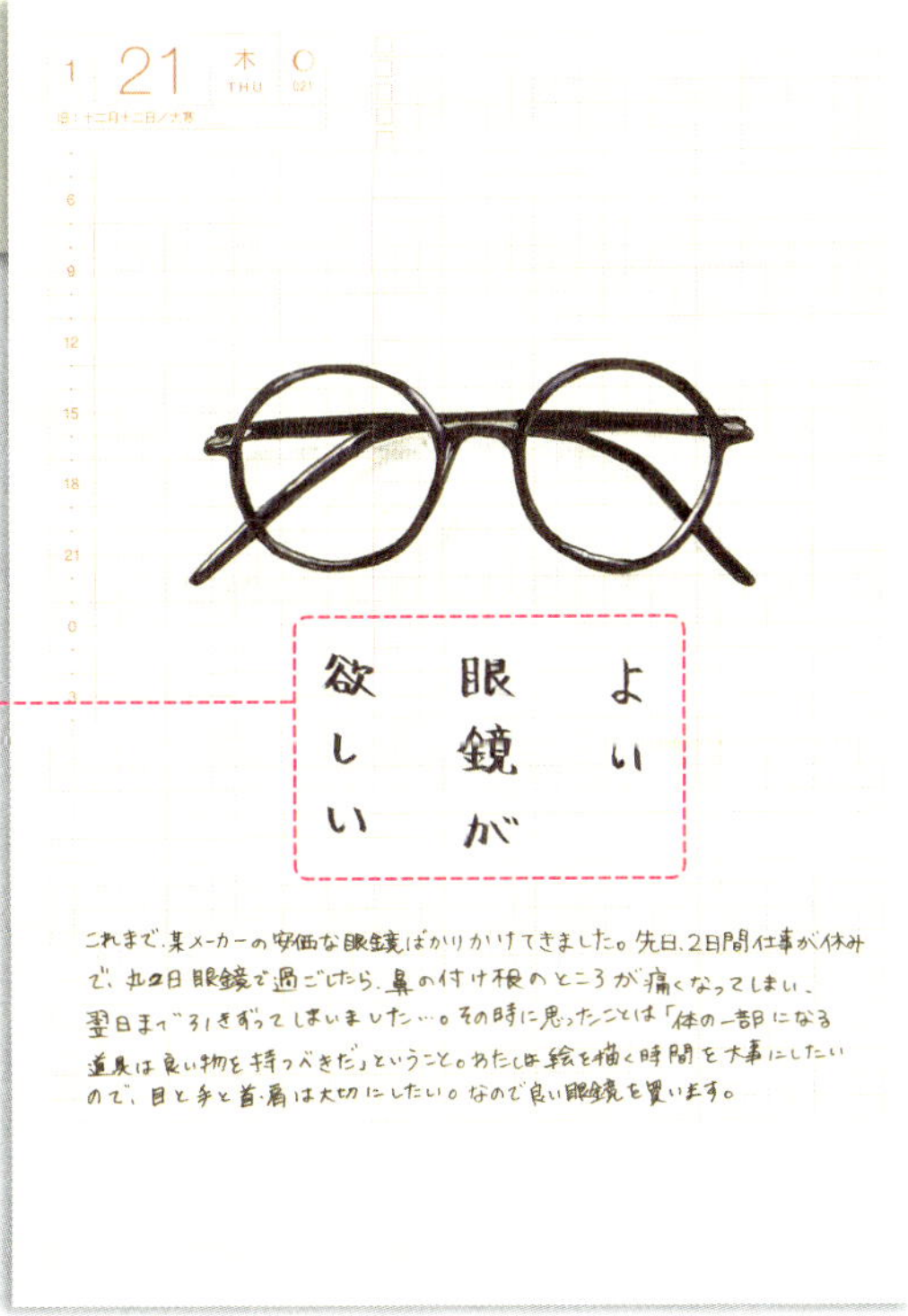
1 21 木 THU
よい眼鏡が欲しい
これまで、某メーカーの安価な眼鏡ばかりかけてきました。先日、2日間仕事が休みで、丸2日眼鏡で過ごしたら、鼻の付け根のところが痛くなってしまい、翌日までひきずってしまいました…。その時に思ったことは「体の一部になる道具は良い物を持つべきだ」ということ。わたしは絵を描く時間を大事にしたいので、目と手と首・肩は大切にしたい。なので良い眼鏡を買います。

どーんと大きく。最初に書く場合もある

決意表明

何かを決意した日は、意識を自分に刷り込むためにもその内容を見出しにします。スペースも広めにとっておき、場合によっては文や絵より先に書くことも。

CHAPTER:4

ちょっと疲れたときに効く

ラクに続ける10のコツ

続けることができれば夢はついてくる

ここまでの章で、書くことの価値、私なりの書き方の工夫を紹介しました。最後の章では、それを習慣にしていく「続け方」、復帰のコツを紹介したいと思います。

ノート習慣がある人も一度はきっと、うっかり忘れたり、疲れてついさぼってしまった日もあるのではないでしょうか。仕事や睡眠、家事を優先させるのはもっともなこと。自分だけのために時間をとるのは大変です。新しい習慣を追加するのは、だからこそとてつもなく難しいことだと思います。

しかしそれを逆手にとれば、続けることさえできたなら、叶う夢も多いはず。ノートは書けば書くほど自分がわかり、思考が整う。どんどん夢に近づいて、叶ったらその先がまた開ける……。ノートはそんな道具だから、書き続けることがすなわち、夢への努力を続けることになるのだと思います。

本気で「したい」と思えることに出会えたら、それは奇跡のように尊いこと。私は、その奇跡を無駄にしたくないから、毎日ノートを書いているのだと思います。人生は短いようで長い。1日数分でも情熱の薪をくべ続けるために、ノートに向かっているのです。

1日1歩進めたら、1年で365歩進める。日々の変化は小さくても、着実に夢に近づいていることをイメージして、今日もノートも開いてみませんか。

続かなくなっちゃうのはなぜだろう？

CASE 1

ハウツー本は読むけれど……

本で読むのは楽しくても行動につながらないのは、叶えたい度が低いからかも。私もダイエットなど「したほうがいいとは思うけれど…」くらいのときはそうなりがち。絶対に、と思えるほど強い夢ではないのかも？

CASE 2

義務になると続かなくなっちゃう…

「したい」うちは何時間でもできますが、やら「なきゃ」に変わると途端に続かなくなるもの。そんなときははじめの頃の情熱を思い出してみて。それでも続けるのが難しければ、今はその夢の休暇どきかも。

CASE 3

最初はいつもやる気があるのに…

やる気はあっても、そのための時間がないのでは？そんなときは、夢が叶ったらどんな気持ちになれそうかイメージして。それでワクワクできたら、生活の中での優先順位を上げて、1日10分でもいいので夢専用時間をとってみよう。

コツ
1

自分に役立つノートにする

人は誰しも、「これは自分のためになっている」と実感できるとそれを習慣づけられます。ノートも同じで、書くことが自分の役に立っている、自分を救ってくれていると感じられると、自然と続けることができます。

私は「身軽になりたい」という夢を、ノートを使って叶えました。頭の中だけではちきれそうだった考えを、書き出すことで整理し、実現することができました。

また、あとから見返したときも、何気ない一文にやる気をもらったり、苦しかった過去の自分を昇華できたり。タイムラグがあったとしても、自分が書いた文字や絵は、かけがえのない価値をもっています。

書いたことはあるけれど…
役立っている実感がなかった人へ

成果が出る前に疲れちゃった…

1年後のことを想像しましょう。もし今日の成果は少しでも、これを1年続けられたら365歩も前進しているのか! と得した気分になりませんか。今日の一歩は、何ひとつ無駄にはなりません。

実は気づいてなかっただけ?

半年前のページを読み返し、「おや、もう叶っている」と驚くことが私もあります。小さな夢から大きな夢まで、ノートを見返してみたら既に叶ったことが見つかるかもしれません。

ノートは自分の記録帳。
書き残してある、それだけで
必ず人生の手掛かりに

コツ

2

書き心地のいい道具を持つ

気持ちよく書くためには、自分に合った道具を選ぶことが大切です。私なりのポイントはふたつ。裏写りしないことと、にじまないこと。これを基準に見出し用、文・絵の輪郭用、着彩用で3種類のペンを選んでいます。

見出し用には呉竹の筆ごこち、文・絵の輪郭用にステッドラーのpigment《ピグメント》 liner《ライナー》、着彩用に呉竹のCLEAN《クリーン》COLOR《カラー》 Real《リアル》 Brush《ブラッシュ》。これに下書き用のシャーペンと消しゴムがあれば、どこでもノートを書ける筆箱の完成です。また、理想に近い色味で描けるように、着彩用はいろいろな色を使っています。ストレスなく、キレイに仕上がる道具があると、字も絵も描くのが楽しくなります。

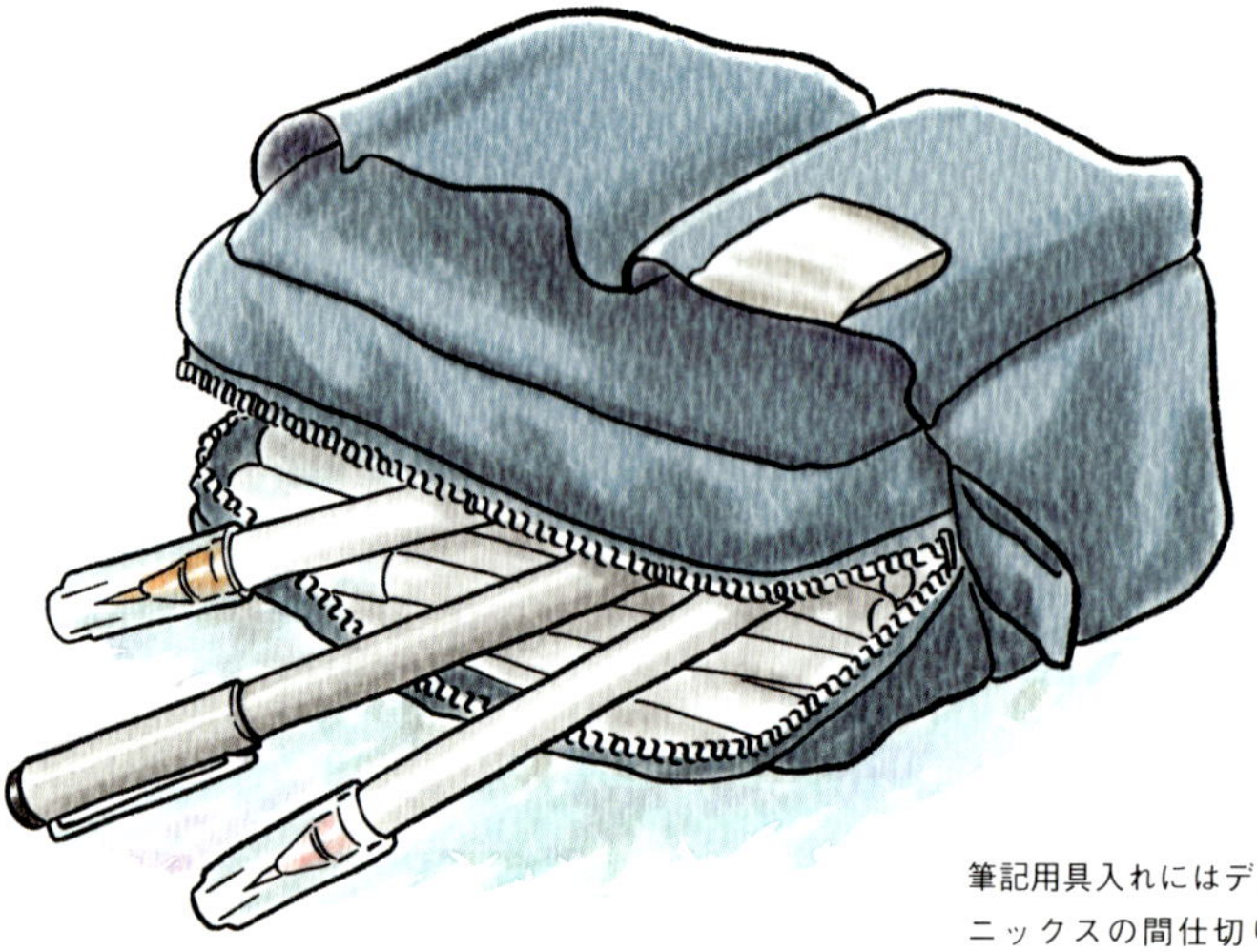

筆記用具入れにはデルフォニックスの間仕切り付きポーチを使っています。

基本のペンはこの3本

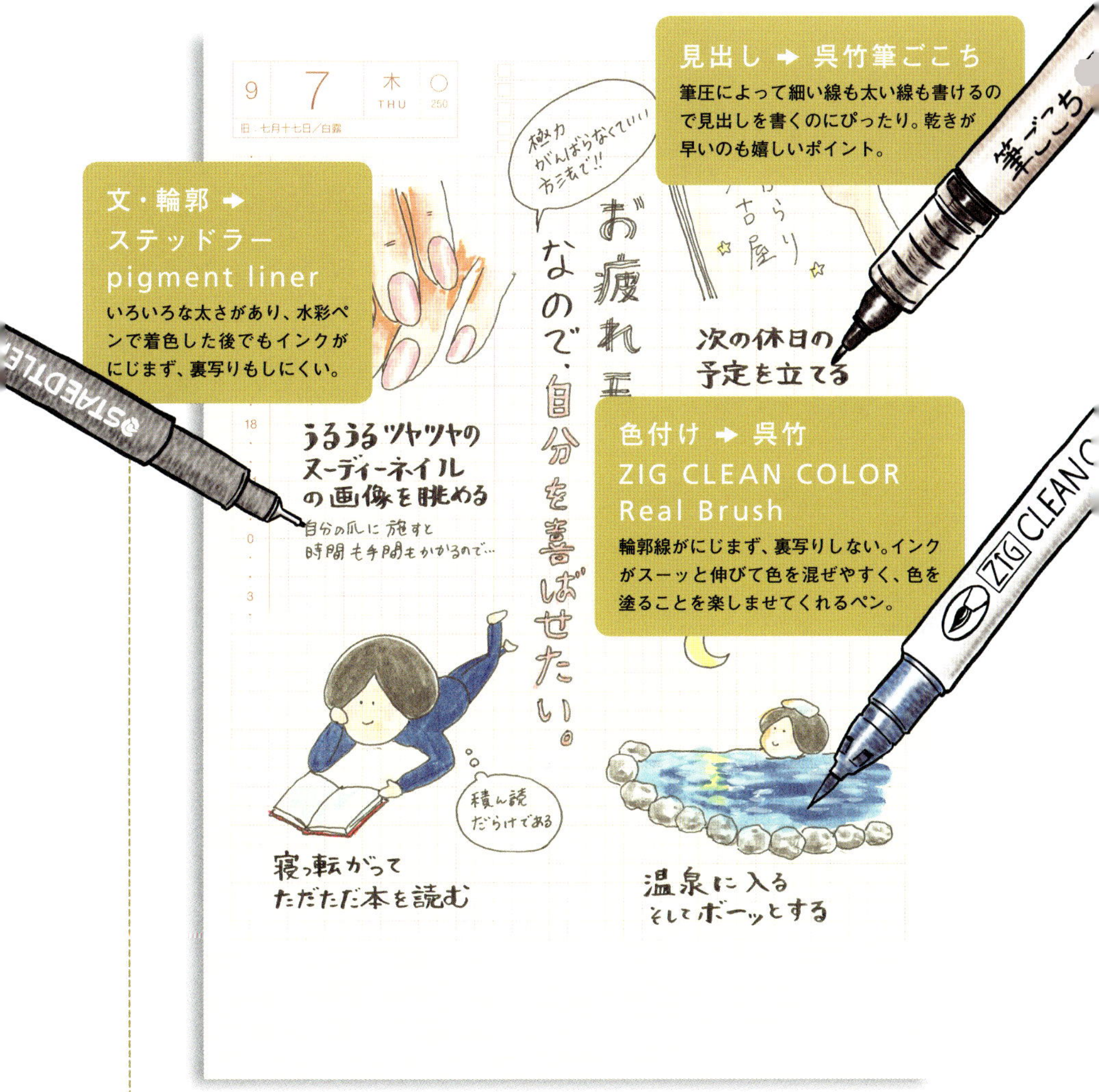
9
7
木
THU
250
旧・七月十七日／白露
極力がんばらなくていい方法で!!
なので、自分を喜ばせたい。
次の休日の予定を立てる
うるうるツヤツヤのヌーディーネイルの画像を眺める
自分の爪に施すと時間も手間もかかるので…
積ん読だらけである
寝っ転がってただただ本を読む
温泉に入る そしてボーッとする
STAEDTLER
筆ごこち
ZIG CLEAN

見出し ➡ 呉竹筆ごこち

筆圧によって細い線も太い線も書けるので見出しを書くのにぴったり。乾きが早いのも嬉しいポイント。

文・輪郭 ➡ ステッドラー pigment liner

いろいろな太さがあり、水彩ペンで着色した後でもインクがにじまず、裏写りもしにくい。

色付け ➡ 呉竹 ZIG CLEAN COLOR Real Brush

輪郭線がにじまず、裏写りしない。インクがスーッと伸びて色を混ぜやすく、色を塗ることを楽しませてくれるペン。

輪郭線は他にも……

基本的にはpigment liner 0.2、もう少し太い線を描きたいときはrotrig Tikky Graphic 0.1、極細線を描きたいときはSAKURA PIGMA 005を使っています。

コツ
3

まずは記録から始めてみる

続けるためには「簡単」であることも大切です。そのためには、書く内容で悩まないこと。夢について考えて、何でもいいから何か書く、というのが漠然としすぎていると感じたら、まずは目の前の事実を淡々と書く「記録」をおすすめします。

起床時間、今日のごはん、手放した物など、事実の記録なら書きやすいと思います。そして、一度書き始めると不思議とエンジンがかかってきます。たいてい何かしら気づきがあります。対策や次に書きたいことを思いつい たらチャンスです。したいことが数珠つなぎのように、どんどん明日へとつながります。

記録だけで書けちゃうテーマ例

- 今日のごはん
- 今の体重、目標との差
- スマホ時間と見た内容
- 手持ちの服
- 今日、手放したもの

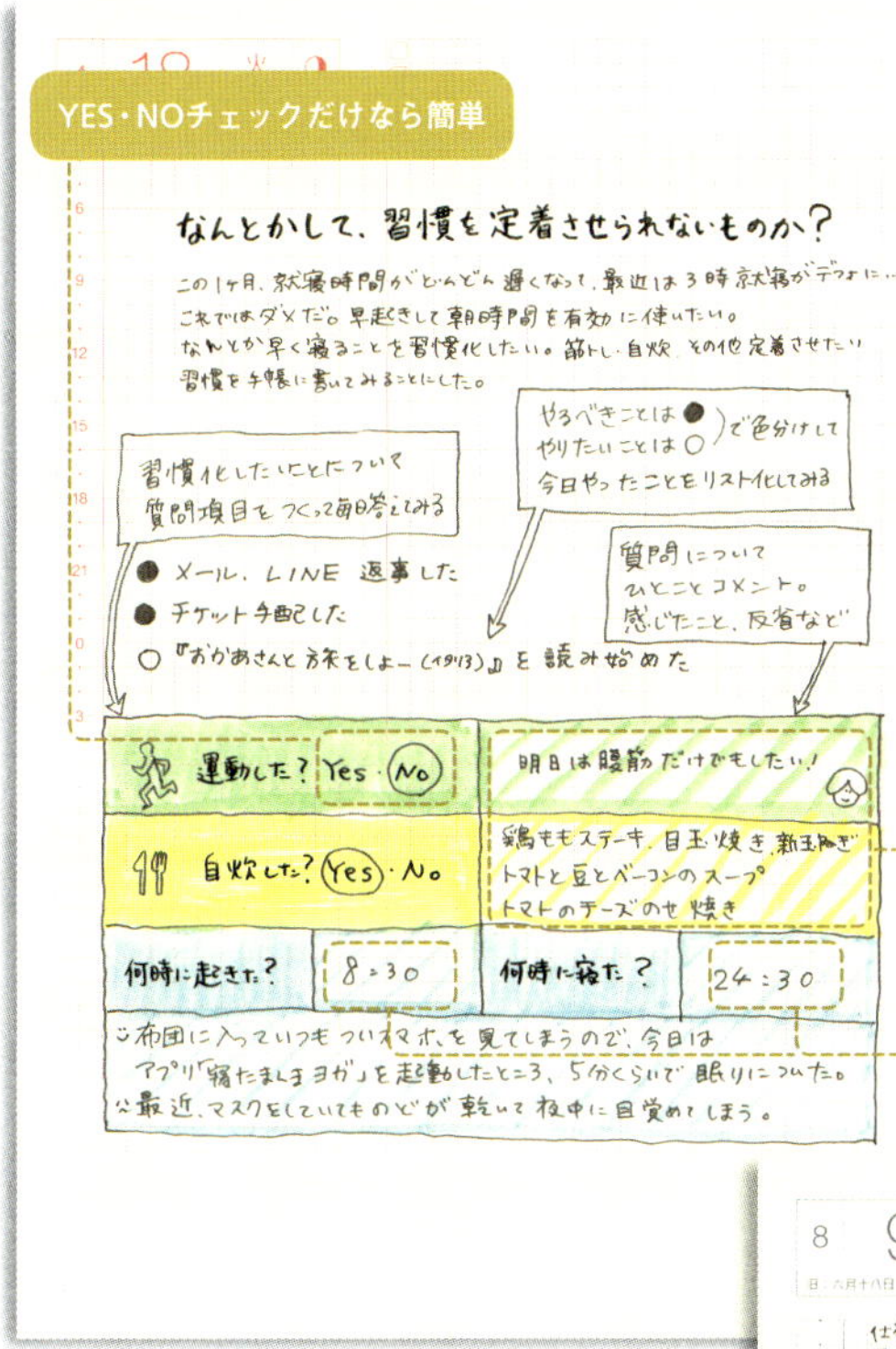
YES・NOチェックだけなら簡単
なんとかして、習慣を定着させられないものか？
この1ヶ月、就寝時間がどんどん遅くなって、最近は3時就寝がデフォに…
これではダメだ。早起きして朝時間を有効に使いたい。
なんとか早く寝ることを習慣化したい。筋トレ・自炊、その他定着させたい習慣を手帳に書いてみることにした。
習慣化したいことについて質問項目をつくって毎日答えてみる
やるべきことは● やりたいことは○ で色分けして 今日やったことをリスト化してみる
質問について ひとことコメント。感じたこと、反省など
● メール、LINE 返事した
● チケット手配した
○『おかあさんと旅をしよー(イタリア)』を読み始めた
運動した？ Yes・No
明日は腹筋だけでもしたい！
自炊した？ Yes・No
鶏ももステーキ、目玉焼き、新玉ねぎ トマトと豆とベーコンのスープ トマトのチーズのせ焼き
何時に起きた？ 8：30
何時に寝た？ 24：30
布団に入っていつもついスマホを見てしまうので、今日はアプリ「寝たままヨガ」を起動したところ、5分くらいで眠りについた。
最近、マスクをしていてものどが乾いて夜中に目覚めてしまう。
一言コメント欄を横に
時間や体重は数字をそのまま書き込むだけ

生活習慣YES・NO

変えていきたい習慣があったら、それを記録し、変化していく自分を楽しみましょう。「YES・NO」で答えられる質問をあらかじめ作っておくとさらに◎。文はその横に一言でもOKくらいのルールにすると続けやすいです。

8 9 水 WED
ミニマリストのカバンの中身
2017. お仕事ver.
仕事帰り、いつでもカフェに立ち寄って原稿作業できるようにフル装備を持ち歩いています。
macbook pro
クリアファイルと書類
手帳用ペンぎっしり
イヤフォン for mac
イヤフォン for iPhone
iPad Pro とApple pencil
リップ
目薬
薬
小さいバッグ
エコバッグ
お弁当
iPhone 7plus
財布
ポーチ
鍵
文庫本
物が増えてきたかも？と思ったら定期的に
物の絵は一つずつ描くと見やすい
入っている場所の絵もあると雰囲気UP

かばんの中身

かばんの中身も「記録」向き。ポイントは、中を整理する前の状態を描くことです。この無防備な状態の記録が、自分に最もたくさん気づきをくれます。

文字のリストだけでもOK。本棚やクローゼットなど、場所ごとに行うと断捨離のやる気にも火がつきます。

他にもいろいろ 手軽に続く「自分記録」

自分記録は人生の学習帳。物事の判断基準を磨く訓練にもなります。
たとえばこんなテーマで、ノートに記録してみませんか?

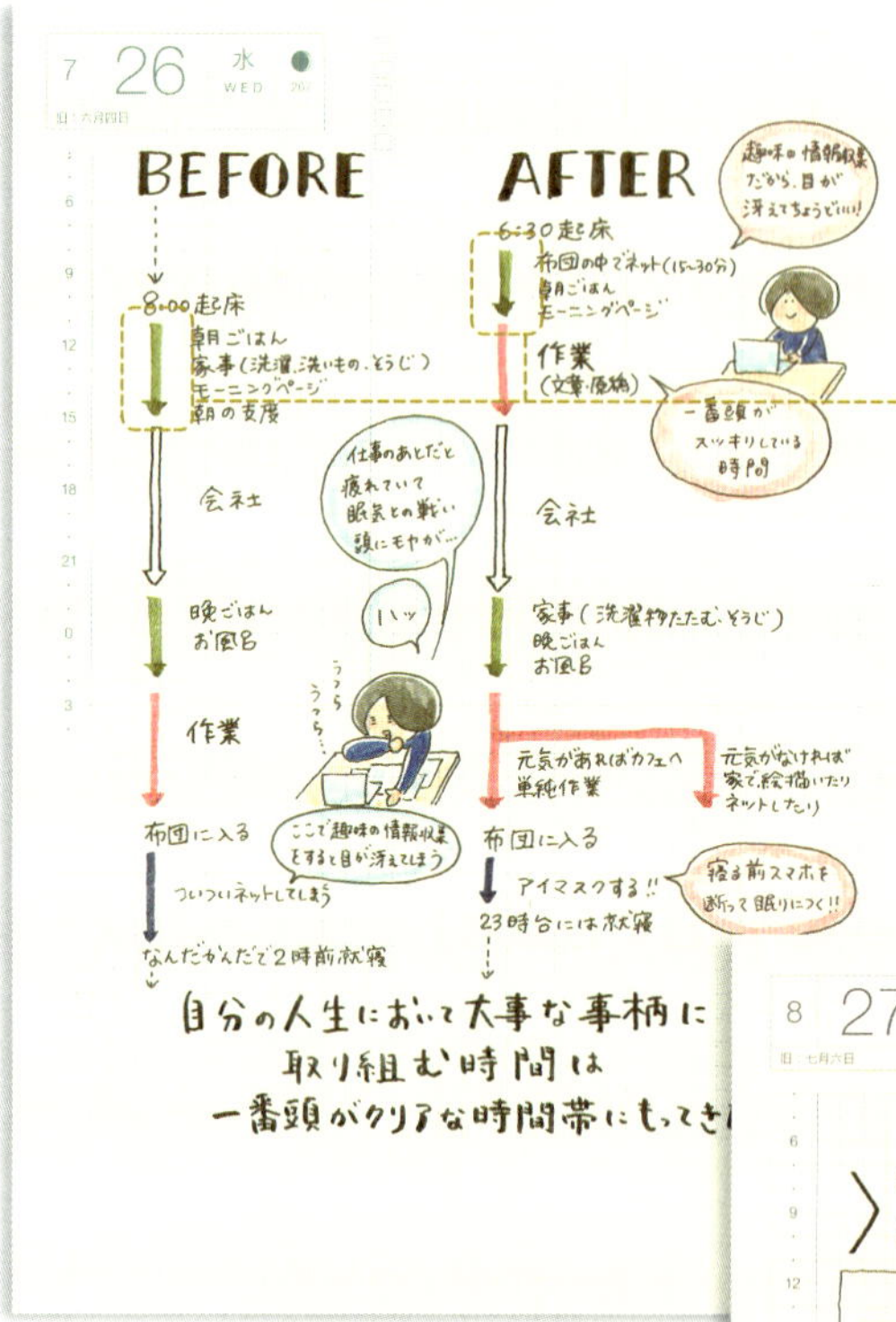

一日の流れを振り返る

一日の流れを時間軸で振り返る。何時に起きて、出勤、食事、お風呂など、順番に書き出すだけでも集中できる時間や疲れてくる時間が見えてくる。

行動ごとに矢印を色分け

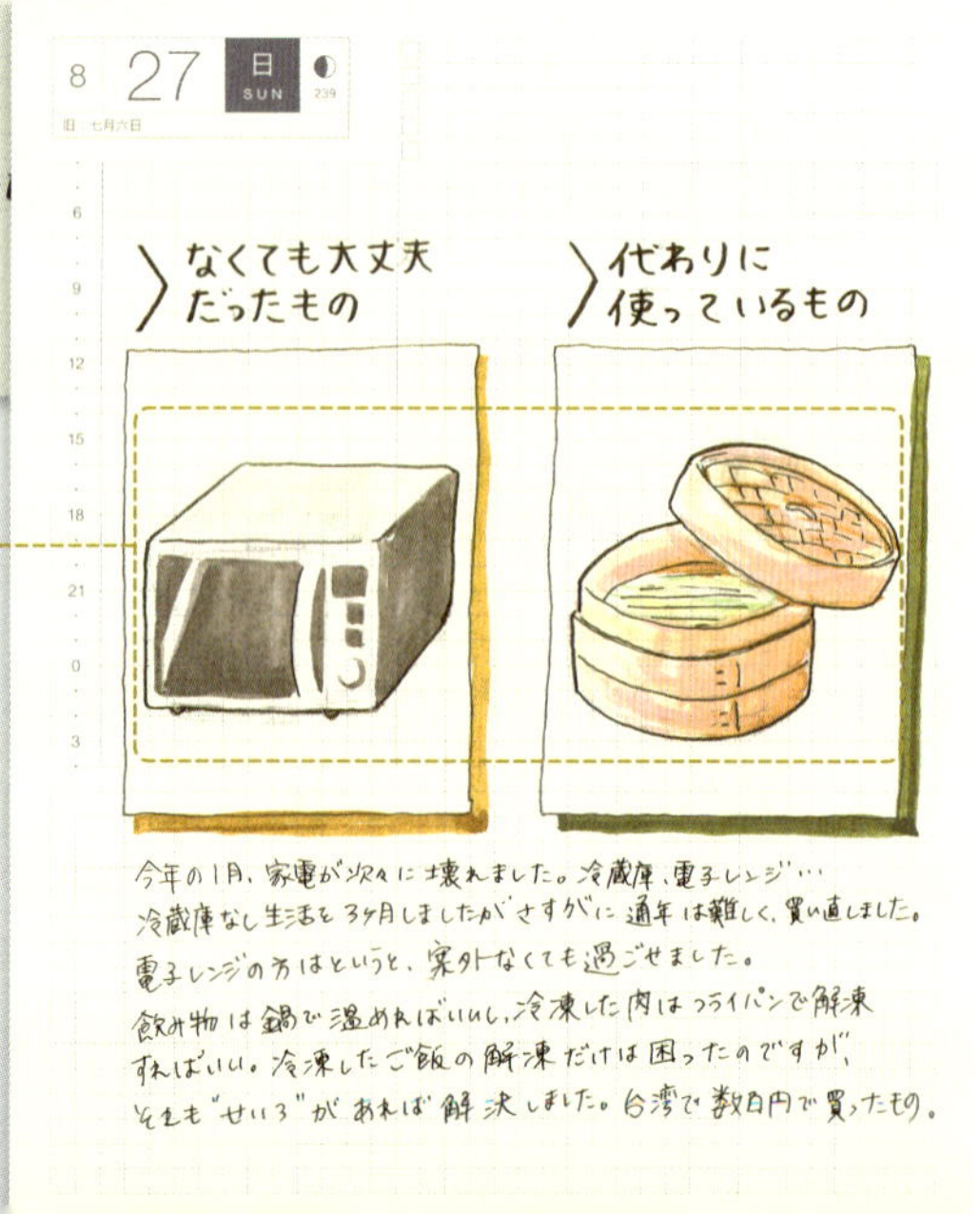

手放した物と代用品を並べて書くとわかりやすい

手放して良かった物

今後、要・不要を判断するときの材料に。断捨離の判断力が養える。代用品を書くことも。

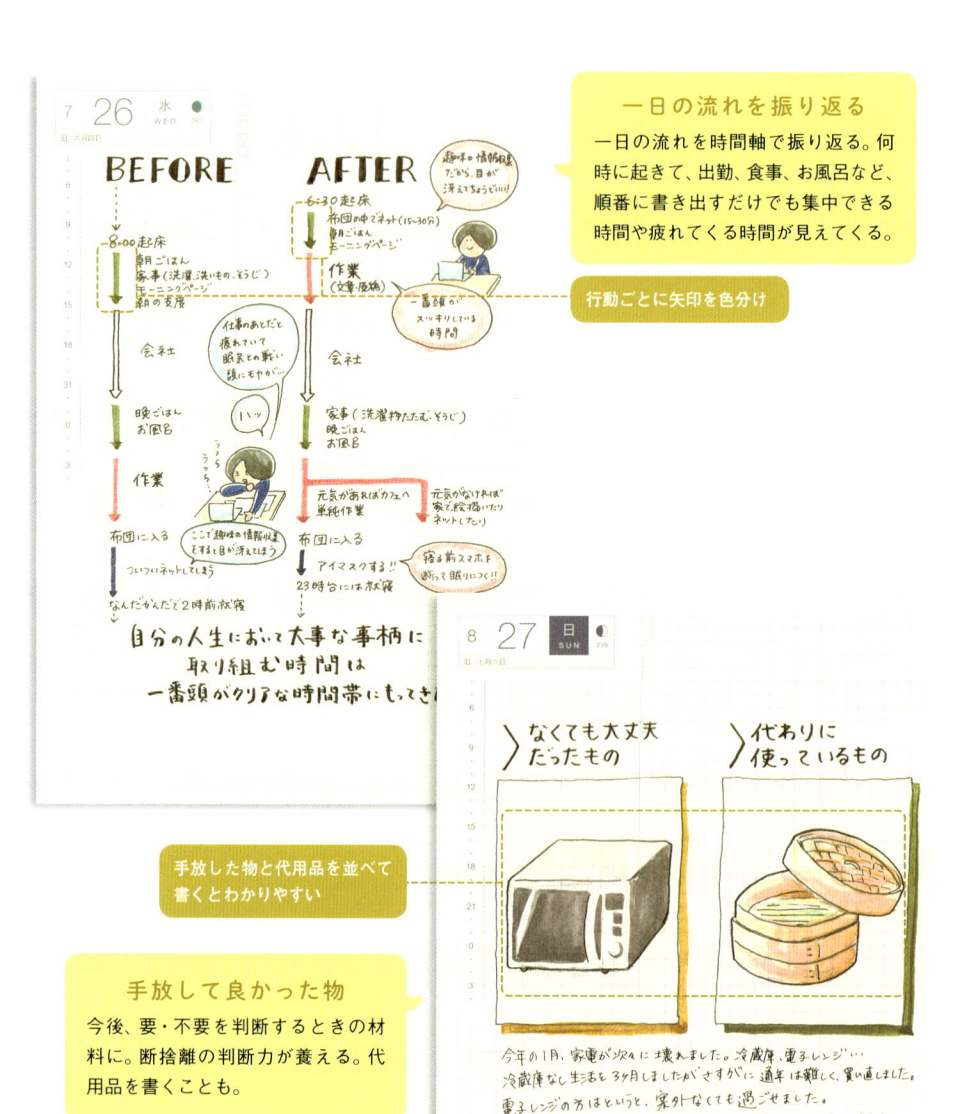

LA LA LAND
が、あまりにも美しくて!!

映画記録

心を揺さぶられた体験を忘れてしまうは寂しいこと。あらすじ・感想・印象に残ったポイントだけ書いておく。

エアリーマットレスを買いました

買って良かった物

買ってから1ヶ月くらい経ったときがおすすめ。「本当に使える!」と実感したら、良かった点を分析する。

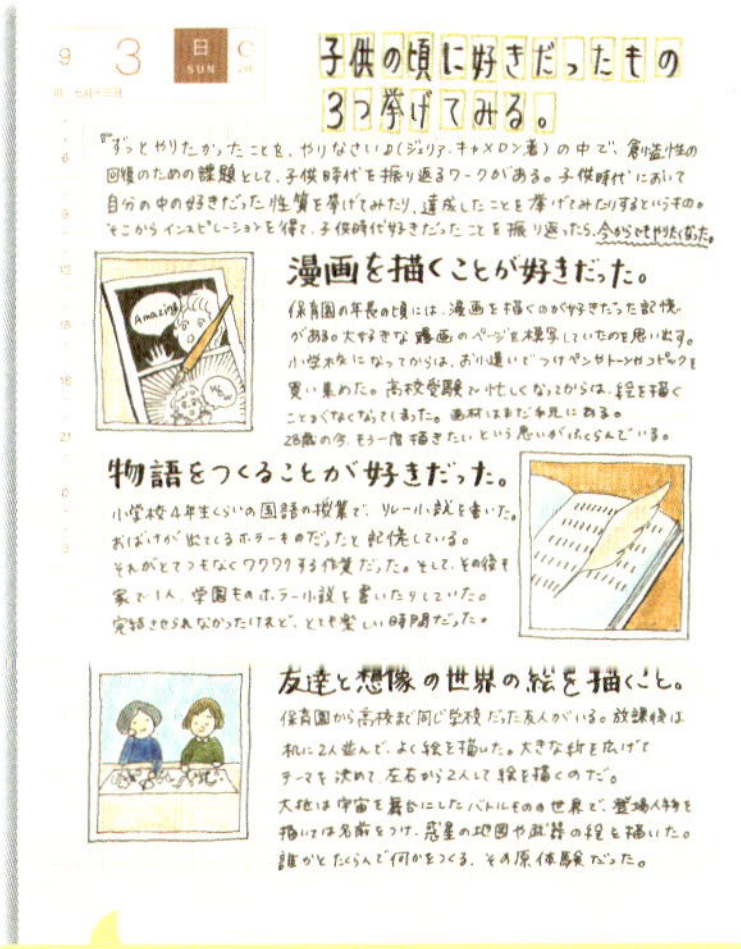
子供の頃に好きだったもの3つ挙げてみる。
漫画を描くことが好きだった。
物語をつくることが好きだった。
友達と想像の世界の絵を描くこと。

子供の頃に好きだったこと

得意なこと、好きなことのヒントは子供時代に隠されているともいわれます。見返すたびに心が温まる記録に。

京都に帰ったら行きたいところ
植物園
デルタ
CAFE KOCSI
鴨川の河川敷

次の休日にしたいこと

旅のしおりを作るつもりで、次の休日の予定を書く。前日に5分でも時間をとって整理しておけると◎。

コツ

4

習慣づけにはチェック欄

ノート習慣をこれから始めようとしている人は、はじめの一ヶ月がいちばんの山かもしれません。夢ができ、努力の習慣をつける初期の時期こそ、チェック欄作りをおすすめします。

最大の魅力は、あらかじめ欄があることで、なかば強制的にその夢について思い出せること。たとえば1週間分のページにチェック欄を作ってみると、その空欄に何か書き込みたくなってきませんか。

あまり先までは作らないこともコツ。チェック項目そのものも、一週間程度で見直すほうがおすすめです。できたら更新を続けていき、何度も達成感を味わいましょう。

✓ 運動した？ IDEA1

ダイエットの目標や運動不足を感じているときには、わかりやすいモチベーションに。何よりのコツは、簡単なチェックのみにすること。丸を付けるだけ、単語で書くだけくらいがおすすめです。

例：

運動した？→ Yes・Noに○

何をした？→ 帰り道自転車30分

✓ 何時に寝た＆起きた IDEA2

早起きを習慣にしたいときは、起床・就寝時間の記録がおすすめ。寝る前にスマホを触ってしまう人は布団に入った時間と実際に眠りについた時間を書くと、布団に入ってからのスマホ時間がわかります。

例：

起きた時間 → 8：00（昨日＋15分）

寝た時間 → 1：50（昨日＋1時間）

✓ 自炊した？ IDEA3

自炊したいのについ外食が多くなっている人は、食事記録がおすすめ。食事を決めるときにチェック欄を思い出せたら、「明日こそは」と思えてきます。

例：

自炊した？→ Yes・Noに○

何を作った？→ 具だくさん味噌汁

コツ

5

明日の自分へ次回予告

ページの締めくくりに、「次回予告」を書いておくのも、明日またノートを開くモチベーションにつながります。書く内容に迷う手間も消え一石二鳥。今日できなかったこと、こうしたら良かったかも、と思うことがあれば遠慮なく明日へバトンしましょう。

たとえば私には「頭の中のイメージを絵にしたい」という夢があります。そのためにまず、人の動きを上手に描けるようになりたくて、人体の仕組みを調べた時期がありました。まず筋肉を描いてみたら次は骨について知りたくなり、次は皺、影のつき方……やりたいことが次々浮かび、この時期のノートには「次回予告」が続いています。

明日はこんなことを
やってみるといいよ
なるほど
今日やってみるね

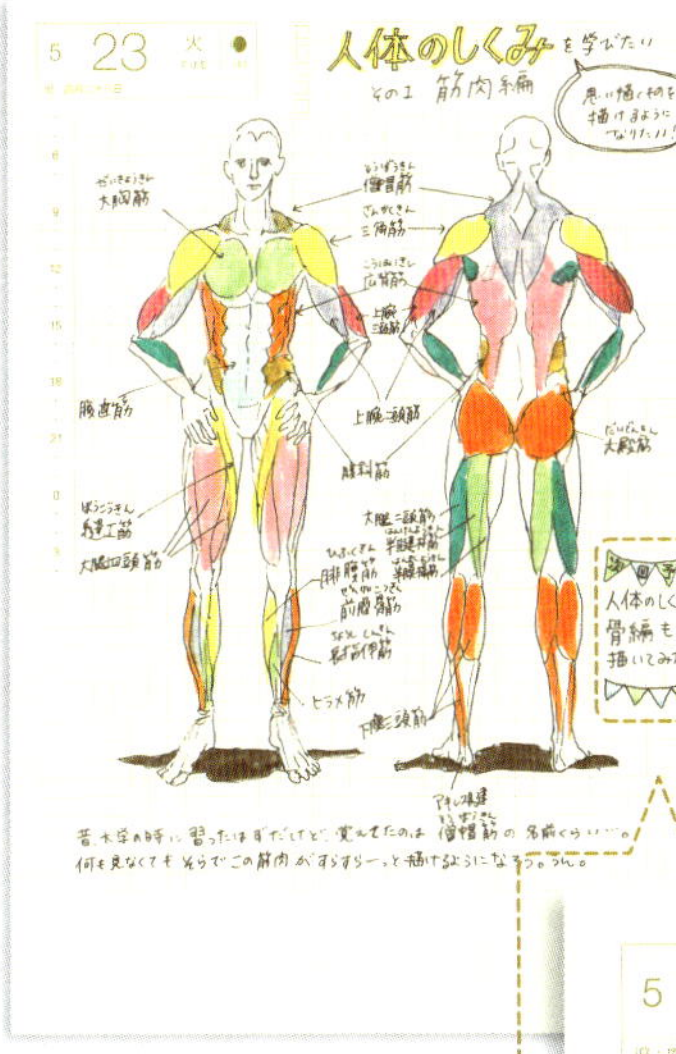

今日終わらなかったけど
忘れないうちに
やりたいな

次にしたいことを
メモしておいて…
(このときは「骨の勉強」)

しりとりのように、
次の日はそのテーマ
で描いてみる!

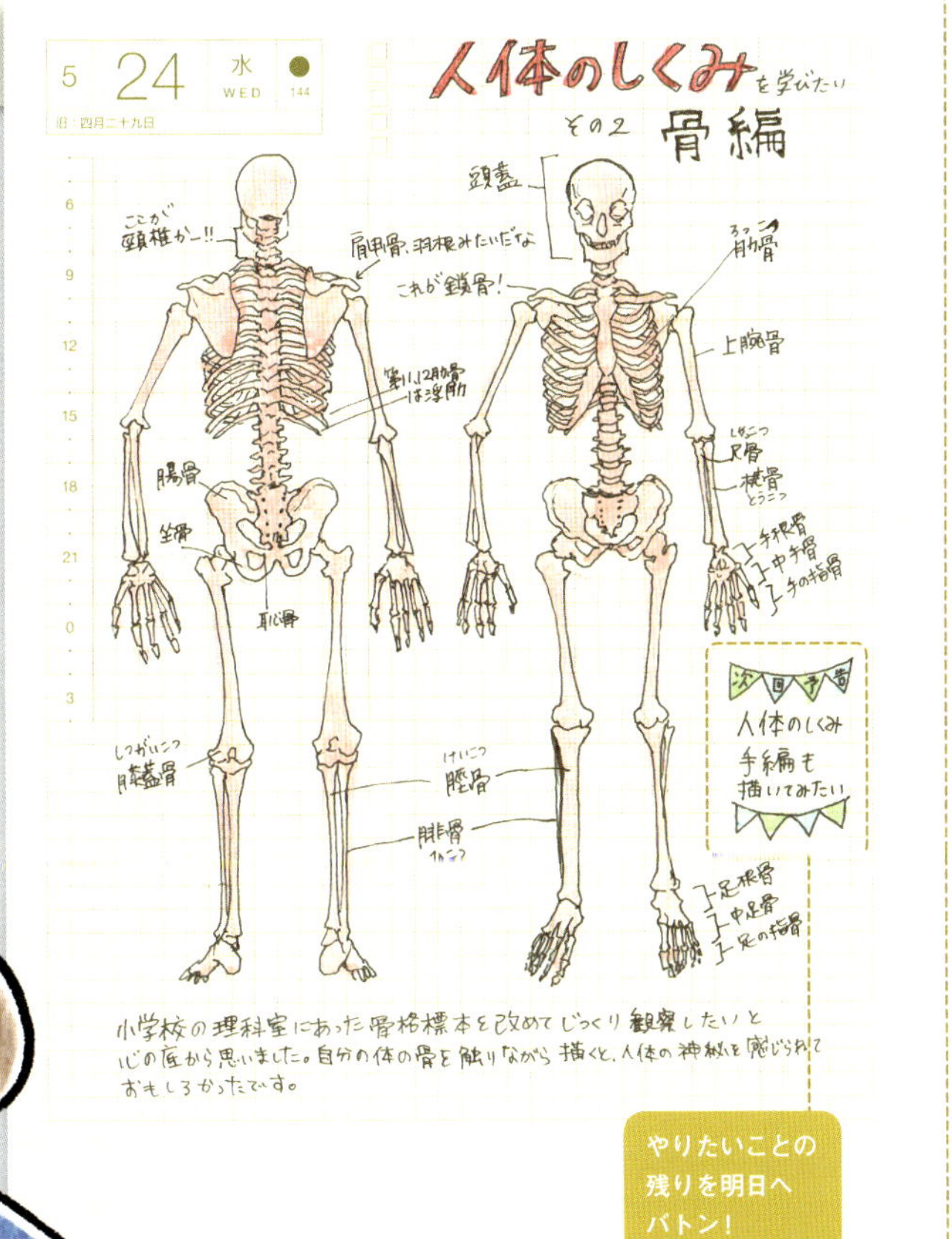

書きたいことがあると
明日がくるのが
わくわくする!

やりたいことの
残りを明日へ
バトン!

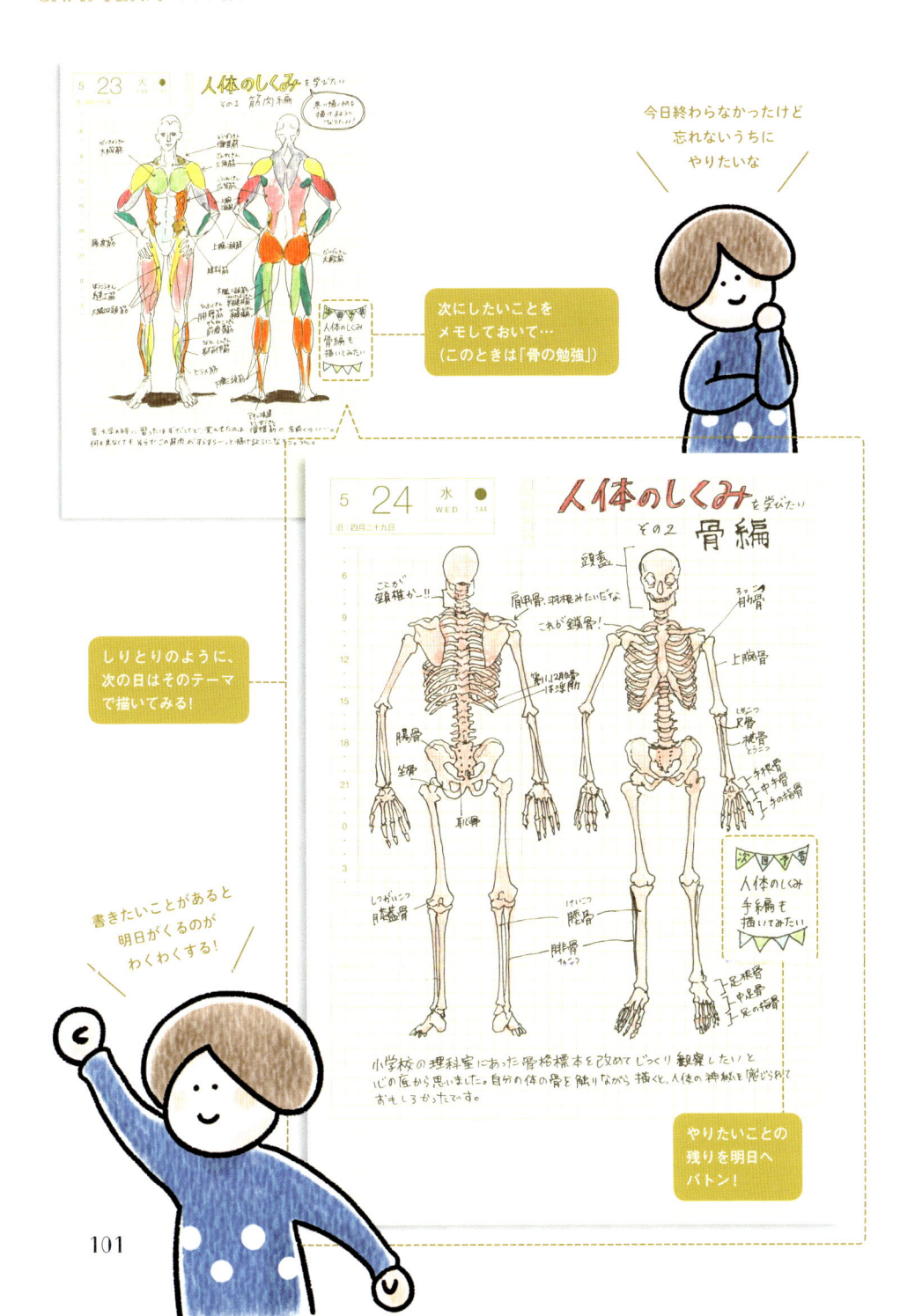

COLUMN

ほぼ日『カズン』を使う理由

一年に一冊ノートを使っている私は、年末になると来年のノートを選びます。お店にはさまざまなタイプが並んでいて、私もロルバーンのリングノート、無印良品の『開きやすいノートA5』やLIFEの『ノーブルノートA5』など数種類を使ってきました。

私なりのノート選びのポイントは、第一に絵を楽しく描けること。手持ち服を一覧にしたりコーディネートを考えたりするときに、のびのび描けるサイズが必要です。

そして夢を叶えやすくするためには、日付が入っていることも大事だと感じています。その日したことがひとめでわかるし、今日の自分をそのページいっぱい描ける気がして

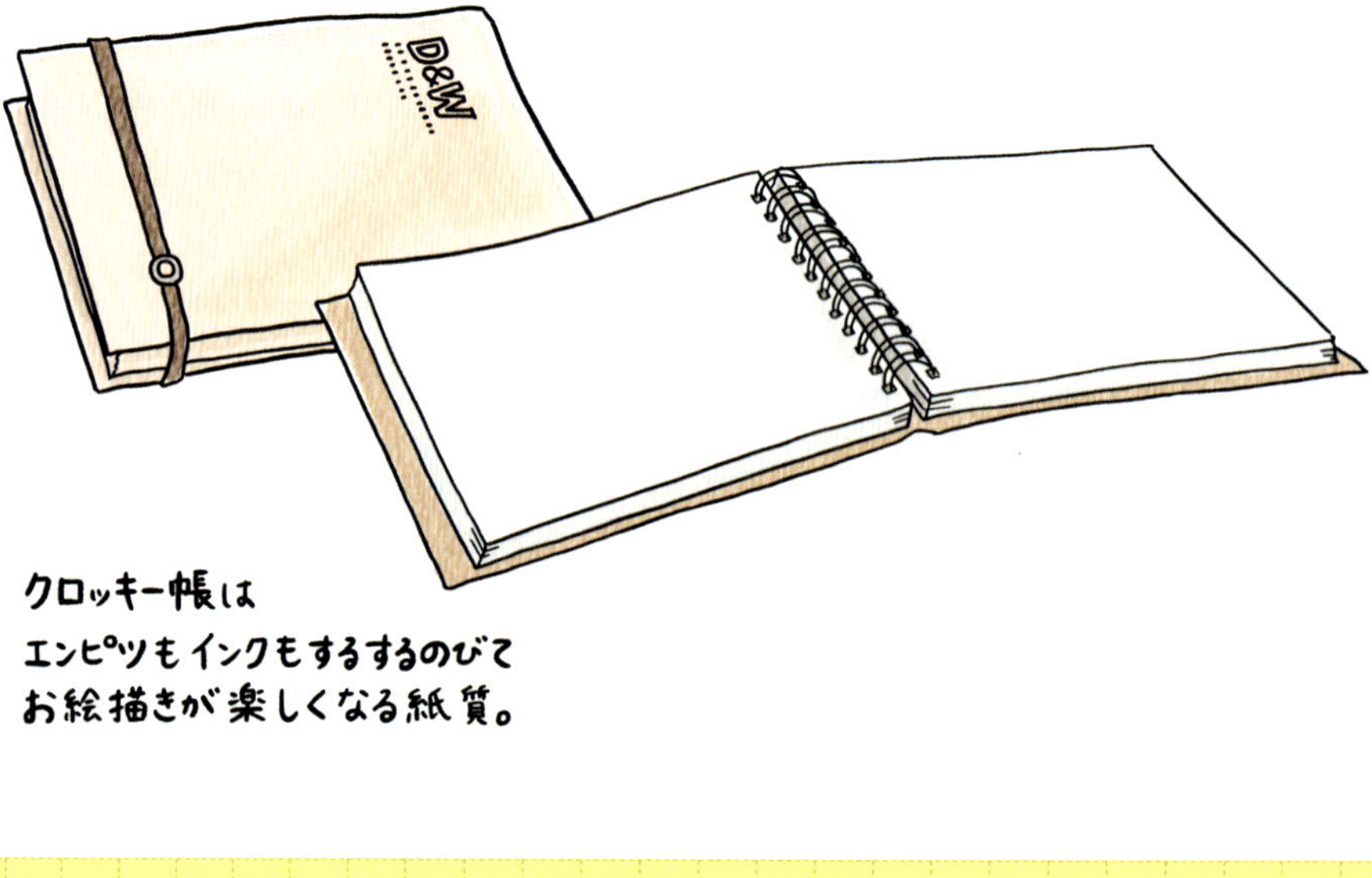

クロッキー帳は
エンピツもインクもするするのびて
お絵描きが楽しくなる紙質。

ノート時間がとても楽しみに感じます。

そんなわけでここ2年は、ほぼ日手帳の『カズン』を使用。以前は文庫本サイズの『オリジナル』を使っていましたが、ノート習慣が定着してくると、もう少し大きな紙面に描きたいと思うように。『カズン』はA5サイズ（14・8×21cm）で、『オリジナル』に比べるとほぼ倍の大きさです。細かいところまで色塗りでき、描く楽しみがぐっと増しました。紙は薄めですが、透けにくいペンを選ぶことでストレスなく描けています（ペンはP.92で紹介）。

良きサポート役として小さなクロッキー帳も使っています。こちらはスケッチや清書前のメモ用に。カメラを使えないアイスショーや、保存版としてのノートは汚したくない……と思う旅先などで活躍しています。

無印の「開きやすいノート」は、紙面が大きく、パカッと開きやすいので絵も文字ものびのび書ける。

表紙の厚いリングノートは、バインダー的に使えるので、立ったままメモをとりたい時に重宝。

コツ 6

書きやすい下地に乗ってみる

書きたいことはちゃんとあるのに、どう書けばいいかわからない、迷っているうちに「書きたい熱」が冷めてしまった……。私は昔、よくそんな経験をしていたので、「こんな体験をしたらこんな書き方をしよう」という、自分なりのフォーマットをいくつか持つことにしています。

ここで紹介するのは一例ですが、書き方に迷ったときは、自分なりにカスタマイズしながら活用してみてください。書きたいことをサクサク書ける手助けとなって、ノートが楽しくなりますように！

FORMAT 1

モノと向き合う

手放すかどうかはあとで決めても大丈夫。1日ひとつ、何でもいいので「モノと向き合う」時間をつくり、ノートに描くことで自分の思考を整理します。

1日に1つのモノと向き合う

2
29
月
MON
060
旧：一月二十二日
GUで買ったロングチェスターコート
記憶が正しければ2900円くらいで買いました。安っ!! 超々ビッグシルエットは今年だけの流行として楽しもうと思い、GUで買いました。流行を身にまとう楽しさを味あわせてくれました。

物の名前
物の名前を主役に

イラスト
絵はスマホで撮ってから描くと描きやすい

文章
どんなふうに使ってきた? 手放したい? ないと困る? そう思った理由など

ロゴ
ロゴを決め、位置もいつも同じに置く

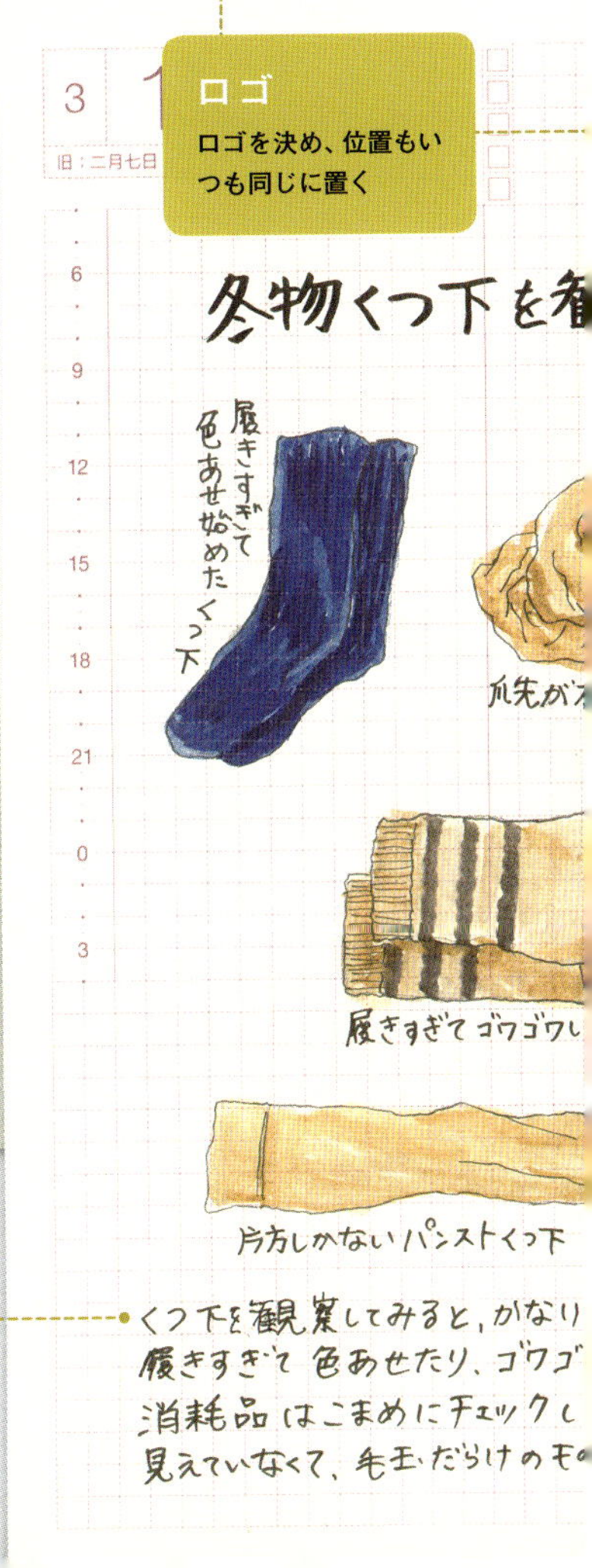
3
旧：二月七日
冬物くつ下を
履きすぎて色あせ始めたくつ下
履きすぎてゴワゴワし
片方しかないパンストくつ下
くつ下を観察してみると、かなり
履きすぎて色あせたり、ゴワゴ
消耗品はこまめにチェックし
見えていなくて、毛玉だらけのモ

FORMAT 2

手持ち服を把握

今持っている服を書き出すと、手放せそうな服、買い足したい服が見えてきます。ポイントはアイテムごとに並べること。コーディネート例が考えやすいです。

2. 手持ち服を羅列。すべてを書き出すことが大事（数が多ければ文字だけでもOK）

11 月 MON 254
今年の秋はどんな服を制服にする？
買い足しは必要？
まずは手持ち服を書き出して把握してみる。
秋の私服の制服化に向けて
手持ち服を把握
OUTER
ロングトレンチ
濃紺MA-1
TOPS
買い替え必要？
傷みあり
グレーニット
ピンクのニット
ボーダーシャツ
ワンピース
BOTTOMS
黒のワイドパンツ
グレーワイドパンツ
スキニージーンズ
？
紺の厚手のワイドパンツ欲しい

1. アイテムごとに列を作る

3. 全部書き出したら、気になった服をマーク。手放せるかも？

4. 新たに欲しい服にも気づける

1. 全身コーデを描くことに意味あり。鏡の前に立って写真を撮り、それをなぞるようにすると描きやすい。人物が難しければ平置き状態の服でもOK

2. アウトドア、屋内メイン、綺麗めなど、制服のパターンは場面ごとに考えておくと便利

3. ページの角に色を塗って検索性UP。シーズン中、何度も見るテーマなので探しやすく

FORMAT 3

私服の制服化

季節ごとに3パターンほど決めておけば、毎朝着る服に迷いません。手持ち服一覧から組み合わせを考え、全身コーデを描いておけると頭の中のイメージも完璧に。

FORMAT 4

旅日記

旅の足跡を路線図のようにつなぎます。地名、簡単なイラスト&感想がセット。行った順につなぐことで、見返すときも記憶が自然によみがえります。

1. 思い出のシーンはたいていスマホで撮っている。それを見返しながら3～6ヶ所選ぶとちょうどいい

2. 感想はその時いちばんの気持ちをひとことで！ 記憶が焼き付き、後々も鮮明に思い出せます

下諏訪ぶらり旅
万治の石仏
おもしろいフォルム。石仏の周りをぐるぐる歩いて、願いを
鶏がプリプリ ソースが濃すぎず ほどよい。
チャボかつ丼
gatoha
インドな雰囲気。ふっかふかのソファ。店内はスパイシーな香り。ドリンクが豊富で悩んだ末にゆず蜜ソーダに。
諏訪大社 下社秋宮
8/1から、神様はこっちに居るらしい。分かる人には分かるんだと。
マスヤゲストハウス
バーで飲んでスイカ食べて いろんな人と話したよ。
諏訪湖ミニ花火
1ヶ月間 20:30から 15分間。湖面に映る光がキレイ。

3. 場所同士を路線図のように結ぶ

FORMAT 5

読書記録

確かに心揺さぶられたのに、時間が経つと記憶が曖昧になってしまうはもどかしい。本や映画記録は4つの要素をおさえて書くようにしています。

1. 項目ごとにブロック分けすると一目で思い出せる

a タイトルと作者

b あらすじ

c 全体の感想

d いちばん好きなシーン

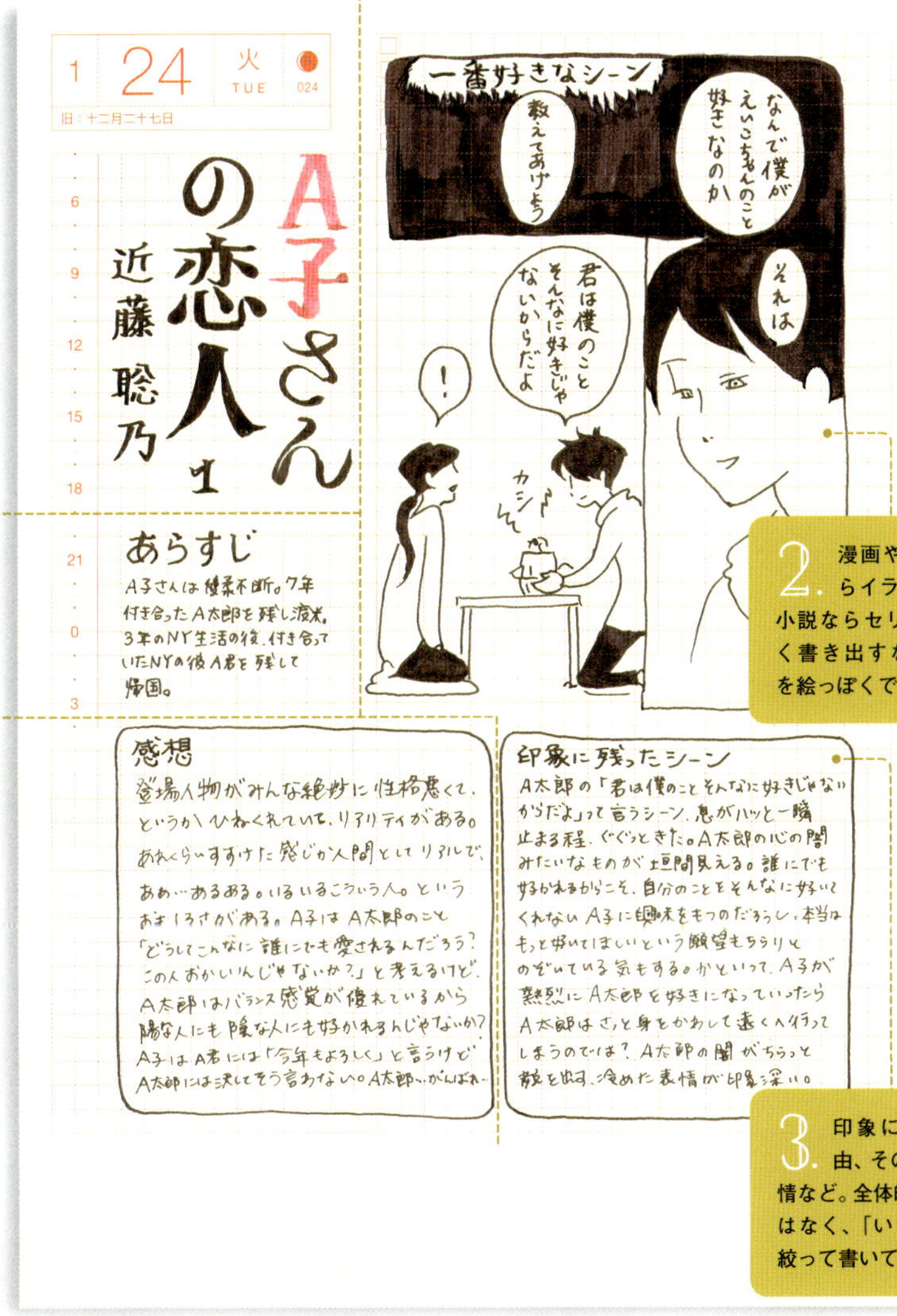
1 24 火 TUE 024
旧：十二月二十七日
6
9
12
15
18
21
0
3
A子さんの恋人 1
近藤聡乃
あらすじ
A子さんは優柔不断。7年付き合ったA太郎を残し渡米。3年のNY生活の後、付き合っていたNYの彼A君を残して帰国。
一番好きなシーン
なんで僕がえいこちゃんのこと好きなのか
教えてあげよう
それは
君は僕のことそんなに好きじゃないからだよ
!
カシ
感想
登場人物がみんな絶妙に性格悪くて、というかひねくれていて、リアリティがある。あれくらいすすけた感じが人間としてリアルで、ああ…あるある。いるいるこういう人。というおもしろさがある。A子はA太郎のこと「どうしてこんなに誰にでも愛されるんだろう？この人おかしいんじゃないか？」と考えるけど、A太郎はバランス感覚が優れているから陽な人にも陰な人にも好かれるんじゃないか？A子はA君には「今年もよろしく」と言うけどA太郎には決してそう言わない。A太郎…がんばれ…
印象に残ったシーン
A太郎の「君は僕のことそんなに好きじゃないからだよ」って言うシーン。息がハッと一瞬止まる程、ぐぐっときた。A太郎の心の闇みたいなものが垣間見える。誰にでも好かれるからこそ、自分のことをそんなに好いてくれないA子に興味をもつのだろうし、本当はもっと好いてほしいという願望もちらりとのぞいている気もする。かといって、A子が熱烈にA太郎を好きになっていったらA太郎はさっと身をかわして遠くへ行ってしまうのでは？ A太郎の闇がちらっと顔を出す、冷めた表情が印象深い。

2. 漫画や実用書ならイラストや表、小説ならセリフを大きく書き出すなど、何かを絵っぽくできると◎

3. 印象に残った理由、そのときの感情など。全体的なことではなく、「いちばん」に絞って書いてみよう

4 28 金 FRI 118
旧：四月三日
6
9
12
15
18
21
暇さえあれば
自転車漕ぎ運動
をしている。
太ももやせに
効くと聞いたので…。
運動した？ Yes No
寝転がって自転車こぎ運動した。
自炊した？ Yes No
外食。カツ丼を食べた。
起 8:00
寝 24:30
寝る前にお酒を飲まなかったので、
眠りが深かったのか、朝すっきりと起きられた。

1. 「習慣枠」を作る。いつも同じ位置だと変化を振り返るときも見やすい

2. 簡単さが大事。Yes・Noチェックくらいだとラク

3. Yes・Noチェックの横に「一言欄」。理想とかけ離れていても、まずは事実をここに

4. フリー欄。一言欄に書ききれなかった感想など。事実の記録と分けることで、変化を客観的に分析できる

FORMAT 6

健康管理

運動を続けたり睡眠時間を整えたり、健康管理には「習慣枠」が便利です。必ずチェックしたい項目を盛り込みつつ、できるだけ簡単にすると続けやすい！

FORMAT 7

書きながら考える

考えがまとまっていない日も、ノートの存在は大切です。そんな「書きながら考える」日は、文章をたくさん書けるレイアウト。文章スペースをたっぷりとります。

1. 書きながら考えていると文が多めに。ページの上の方から書き始めると安心

2. テーマ（見出し）は、文を書き終えたあと見つかる場合が多い。スペースを1/3～1/2ほど空けておく

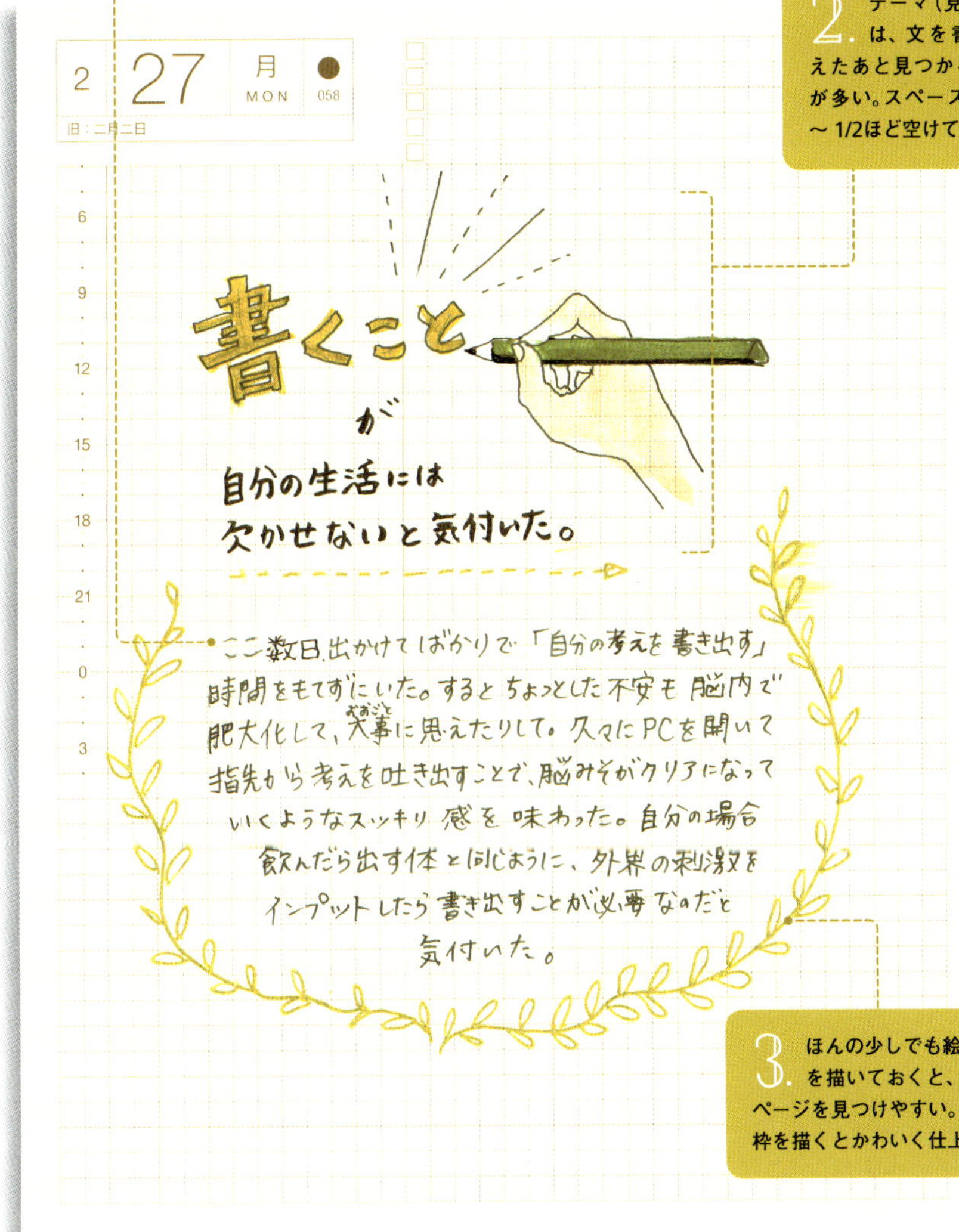
2
27
月
MON
058
旧：二月二日
6
9
12
15
18
21
0
3
書くことが自分の生活には欠かせないと気付いた。
ここ数日出かけてばかりで「自分の考えを書き出す」時間をもてずにいた。するとちょっとした不安も脳内で肥大化して、大事《おおごと》に思えたりして。久々にPCを開いて指先から考えを吐き出すことで、脳みそがクリアになっていくようなスッキリ感を味わった。自分の場合飲んだら出す体と同じように、外界の刺激をインプットしたら書き出すことが必要なのだと気付いた。

3. ほんの少しでも絵や模様を描いておくと、あとでページを見つけやすい。飾りの枠を描くとかわいく仕上がる

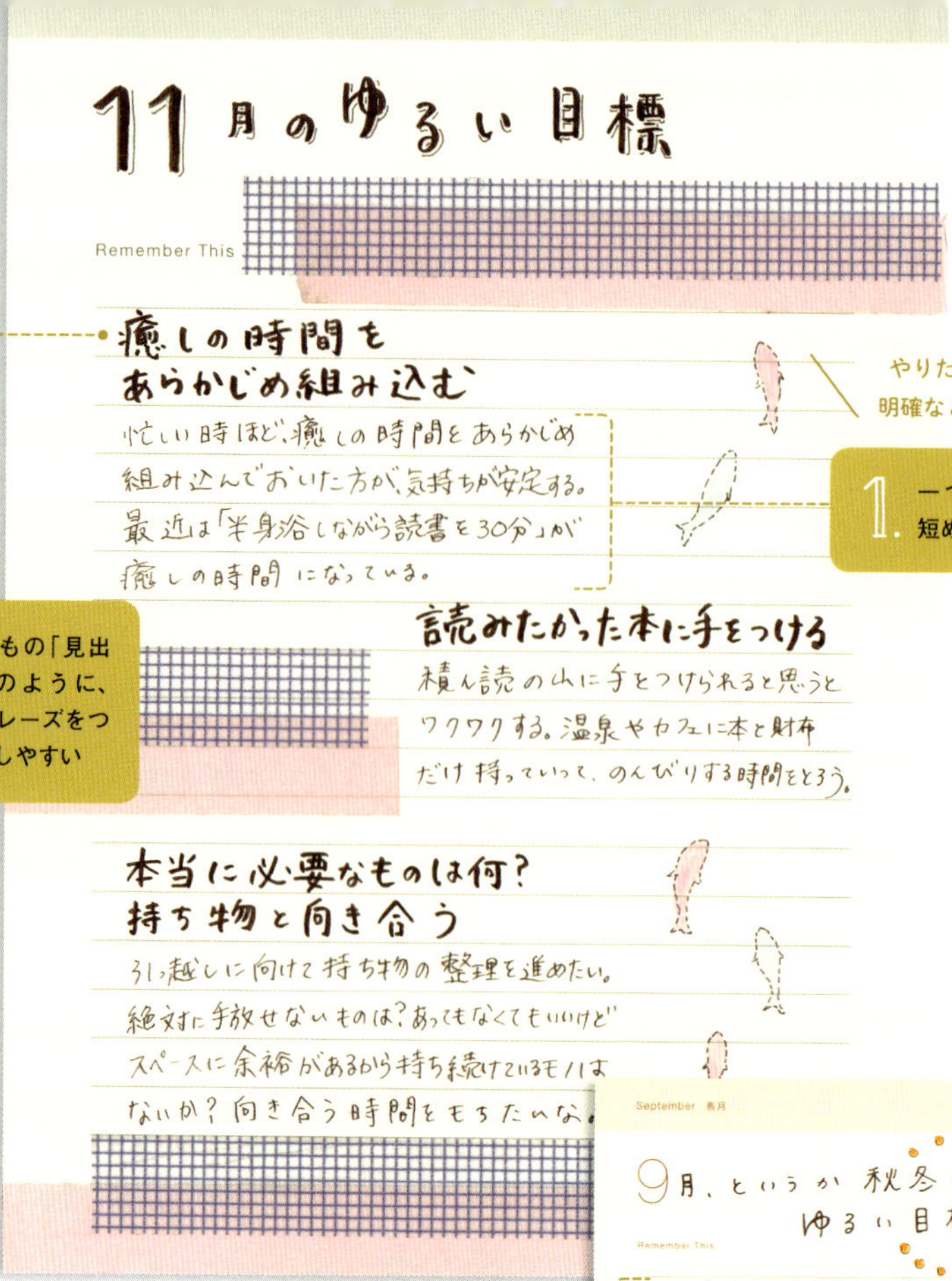

11月のゆるい目標

Remember This

癒しの時間を
あらかじめ組み込む

忙しい時ほど、癒しの時間をあらかじめ
組み込んでおいた方が、気持ちが安定する。
最近は「半身浴しながら読書を30分」が
癒しの時間になっている。

読みたかった本に手をつける

積ん読の山に手をつけられると思うと
ワクワクする。温泉やカフェに本と財布
だけ持っていって、のんびりする時間をとろう。

本当に必要なものは何？
持ち物と向き合う

引っ越しに向けて持ち物の整理を進めたい。
絶対に手放せないものは？あってもなくてもいいけど
スペースに余裕があるから持ち続けているモノは
ないか？向き合う時間をもちたいな。

やりたい事が
明確なときは…

1. 一つひとつは
短めでOK

2. いつもの「見出し」のように、
キャッチフレーズをつけると整理しやすい

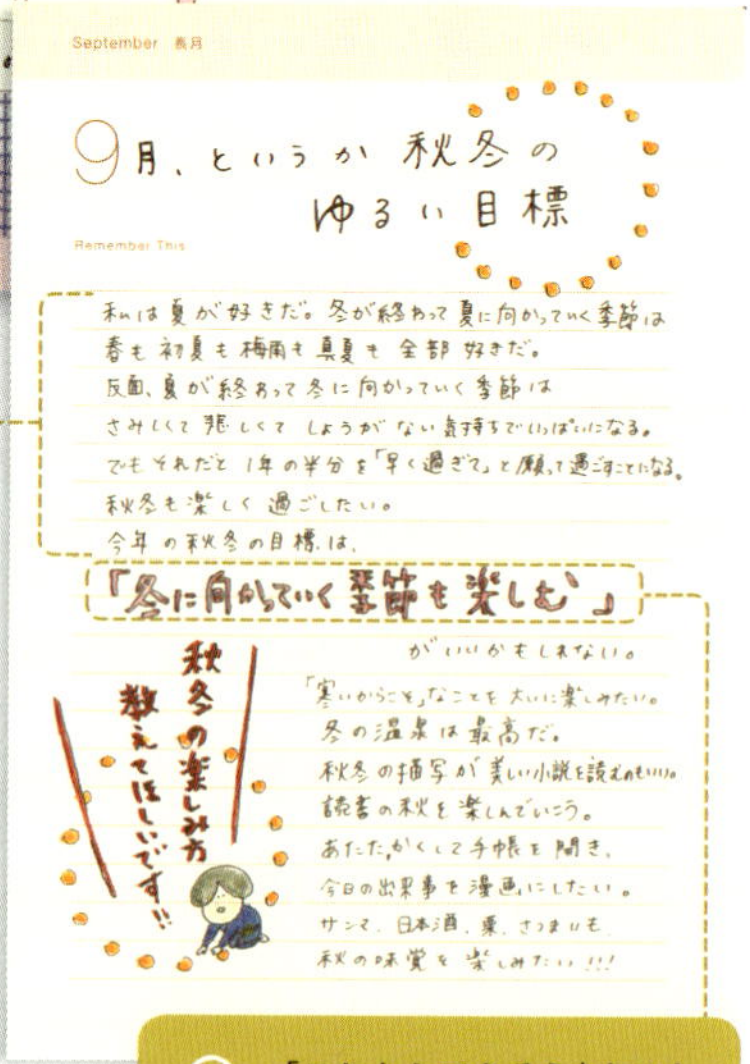

September 長月

9月、というか秋冬の
ゆるい目標

Remember This

私は夏が好きだ。冬が終わって夏に向かっていく季節は
春も初夏も梅雨も真夏も全部好きだ。
反面、夏が終わって冬に向かっていく季節は
さみしくて悲しくてしょうがない気持ちでいっぱいになる。
でもそれだと1年の半分を「早く過ぎて」と願って過ごすことになる。
秋冬も楽しく過ごしたい。
今年の秋冬の目標は、

「冬に向かっていく季節を楽しむ」

がいいかもしれない。
「寒いからこそ」なことを大いに楽しみたい。
冬の温泉は最高だ。
秋冬の描写が美しい小説を読むのもいい。
読書の秋を楽しんでいこう。
あたたかくして手帳を開き、
今日の出来事を漫画にしたい。
サンマ、日本酒、栗、さつまいも、
秋の味覚を楽しみたい!!!

秋冬の楽しみ方
教えてほしいです!!

1. まずは書き
出して考える

はっきり決まって
いないときは…

2. 「これならできそう」をひと
つ決めてみて大きく書く。
それが見出し代わりになる

FORMAT 8

ゆるい目標

定期的に書くひとつが「月初のゆるい目標」。毎月書くのでフォーマットがあるととてもラク。見出しを目立たせるのがポイントです。

FORMAT 9

振り返り

ゆるい目標と同じく、毎月書くのが「振り返り」。こちらは月のまとめなので、目標のような箇条書きより、つらつら書くフォーマットが心地よいです。

2. このフォーマットでは文章のみでも良しとしています。絵がない代わりにマスキングテープなどを活用して

1. 見出しには凝らず「○月の振り返り」などシンプルでOK

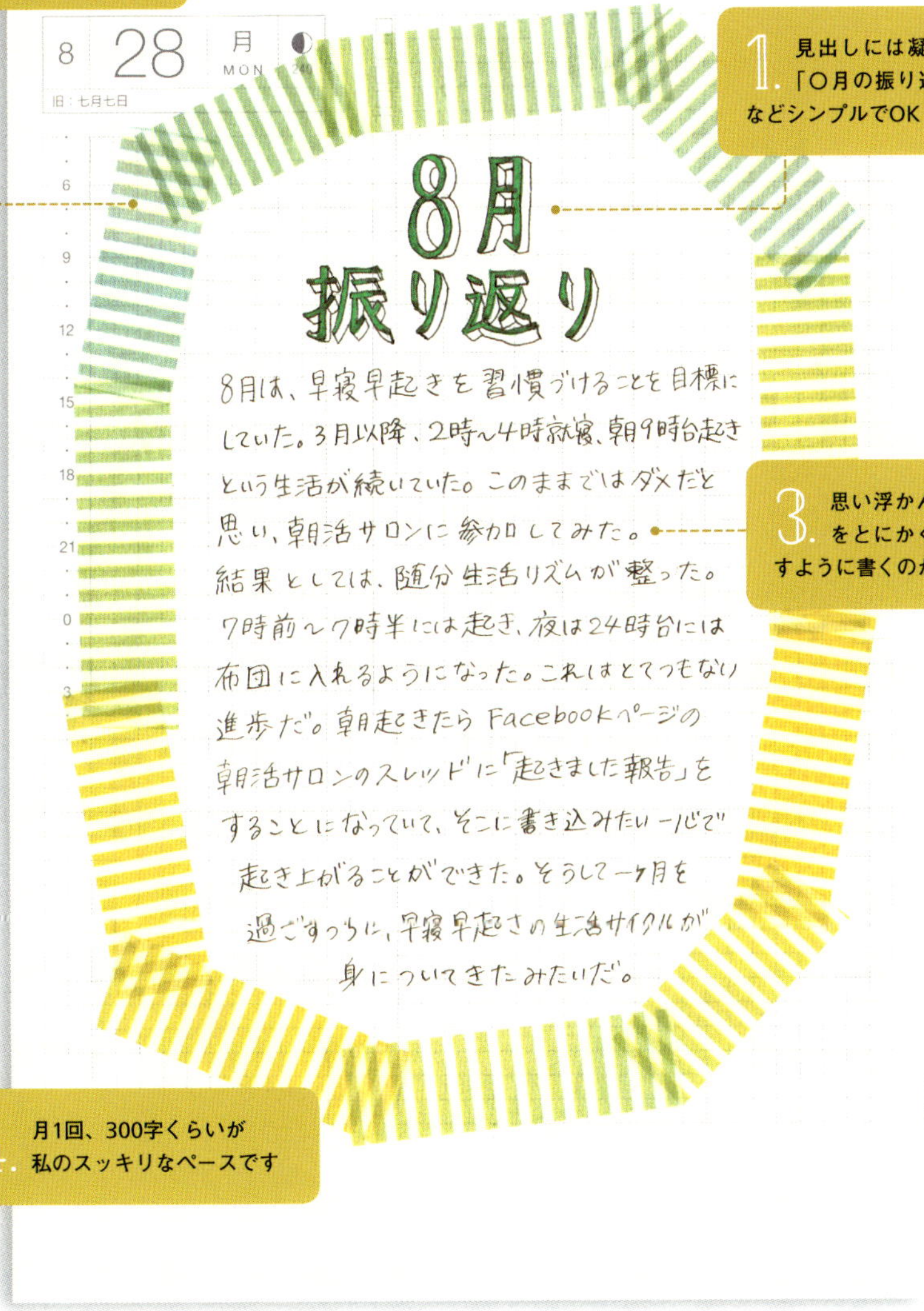
8 28 月 MON
旧：七月七日
6
9
12
15
18
21
0
3
8月 振り返り
8月は、早寝早起きを習慣づけることを目標にしていた。3月以降、2時〜4時就寝、朝9時台起きという生活が続いていた。このままではダメだと思い、朝活サロンに参加してみた。
結果としては、随分生活リズムが整った。7時前〜7時半には起き、夜は24時台には布団に入れるようになった。これはとてつもない進歩だ。朝起きたらFacebookページの朝活サロンのスレッドに「起きました報告」をすることになっていて、そこに書き込みたい一心で起き上がることができた。そうして一ヶ月を過ごすうちに、早寝早起きの生活サイクルが身についてきたみたいだ。

3. 思い浮かんだことをとにかく吐き出すように書くのが大事

4. 月1回、300字くらいが私のスッキリなペースです

コツ
7

「書き足りないかな」くらいで書き終える

今日は
ここまで。
続きは
明日のお楽しみ。

モチベーションを保つためには、初日に燃え尽きないことも重要です。どんなにやる気に満ちていても、その日だけではゴールまで到達できません。三日坊主にならないためには、「書き足りないかな」くらいの感覚で終えることが大事だと思います。

書きたいことがたくさんある日は、それを明日の宿題にとっておくと、次の日も楽しんでノートを開けます。逆に気分があまり乗らない日は、絵や見出しを大きく書いて1日1ページのペースを守ります。毎日がやる気のピークである必要はありません。自分に合うボリュームを保つことが、ゆるやかに続けるコツです。

コツ

8

「この日が来たら」を決めておく

復帰しやすいタイミング

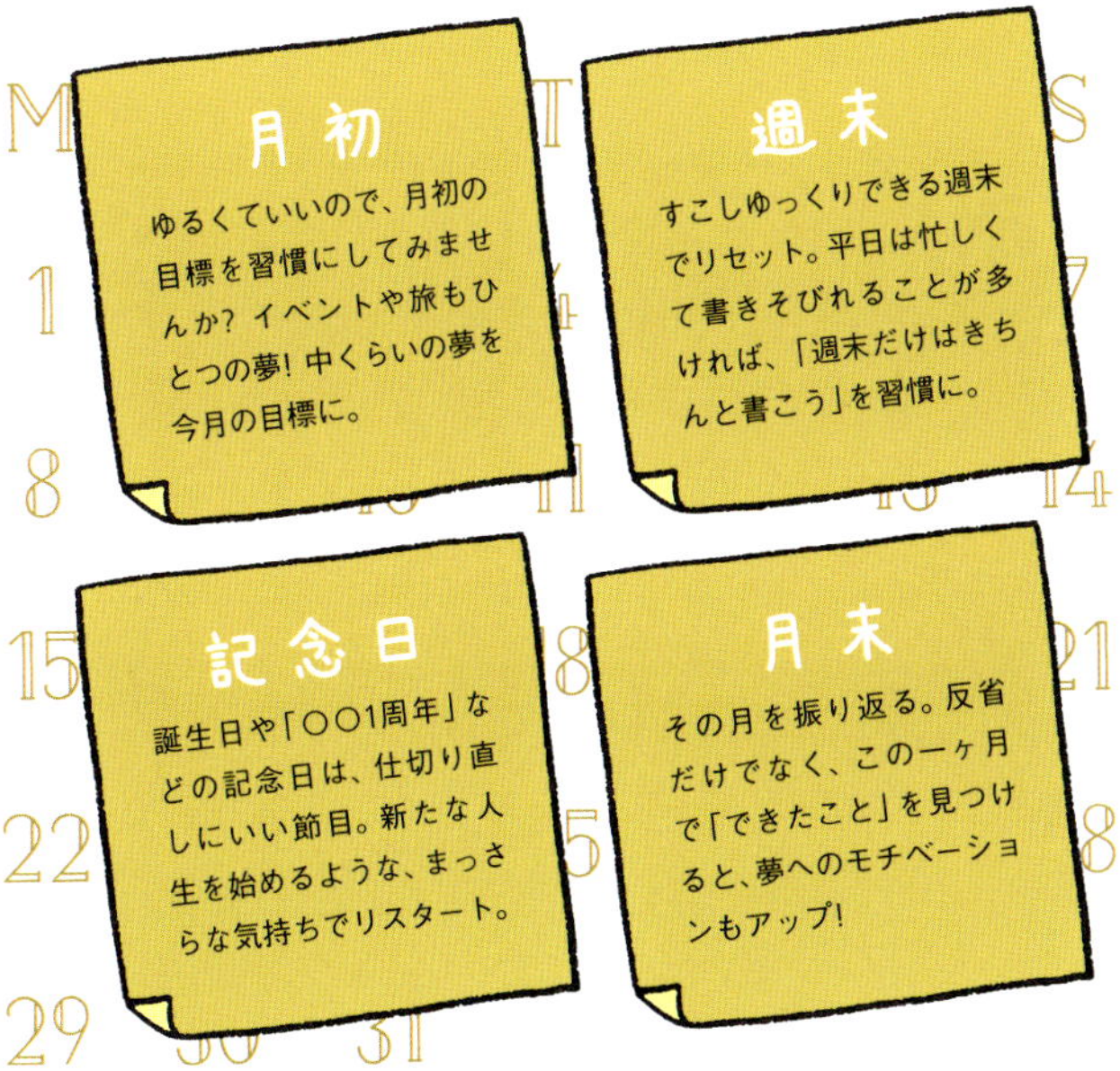
月初
ゆるくていいので、月初の目標を習慣にしてみませんか? イベントや旅もひとつの夢! 中くらいの夢を今月の目標に。
週末
すこしゆっくりできる週末でリセット。平日は忙しくて書きそびれることが多ければ、「週末だけはきちんと書こう」を習慣に。
記念日
誕生日や「○○1周年」などの記念日は、仕切り直しにいい節目。新たな人生を始めるような、まっさらな気持ちでリスタート。
月末
その月を振り返る。反省だけでなく、この一ヶ月で「できたこと」を見つけると、夢へのモチベーションもアップ!

1日休むとついずるずると、そのままフェードアウトしがちです。でも、「この日が来たらこれを書く」と復帰日とテーマを決めておくと、それがスムーズな再出発に。

たとえば週末は一週間の振り返り、月の初めには目標、月末にはその月に買った物と捨てた物をリストアップするなど。「いつ・何を書くか」をいくつか決めて自分との約束ごとにしましょう。私にとって、ノートを書くのをやめることは、夢を諦めるのと同じことを意味します。たとえ書けなかった日があっても、この日は必ず書こうと決めておけば、ノートが生活から離れることを防げます。

コツ
9

ノート時間を整える

「今日はノートを書くぞ！」と意気込んでいても、いざ家に帰ると気持ちがゆるみ、結局1日が終ってしまう時期がありました。ノートに限らず、資格の勉強や家事も、思い通りに進めるためには気持ちの切り替えが大事です。そのためには、やる気モードを持続する、環境作りもポイントです。

たとえば仕事帰りにカフェに寄り、家よりシャキッとできる場所でノートを開いたり、家に帰っても部屋着に着替える前にペンを持ったり。書き始めてしまえば何時間もかかるわけではありません。ノートを開く、その習慣を気持ちよくする自分なりのコツを見つけましょう。

家でもシャキッ！と書くために……

部屋着に着替える前に書く

部屋着に着替えると途端に気持ちがゆるむもの。外出着のままでノートを開けば、やる気がオフになりにくい。

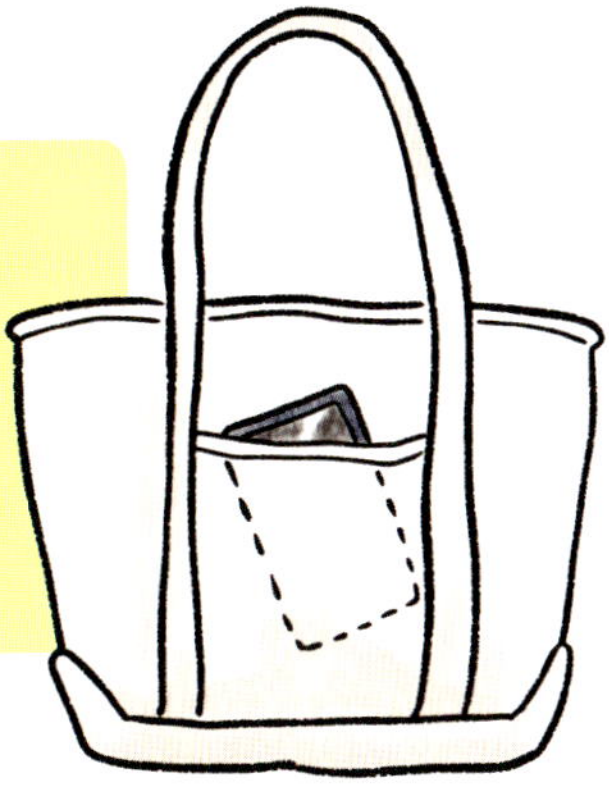

スマホはかばんに入れたまま

手元にスマホがあるとつい見がち。試しにかばんに入れたまま、視界に入らないようにしてみると、集中できる時間の長さが劇的に変わる。

ラジオをかけてみる

ラジオはテレビや動画と違って視界がフリー。作業を邪魔しません。好きな番組を聴きながら書く作業ができる。

帰宅前に「カフェで書く」がいい気分転換になるときも

コツ
10

考える時間は朝にとる

物事が続くかどうかは、平日のモチベーションを保てるかどうかにかかっていると言っても過言ではありません。週末には楽しんでノートを書くことができても、平日、仕事が終わった後に能動的に取り組むのは至難の技。ついついスマホをいじったり、テレビを見たりと受動的な時間が流れます。

でもそれは、人間のバイオリズムを思えば当然のこと。罪悪感を持つ必要はありません。1日に物事を判断できる回数には上限があり、一度眠ってリセットしないかぎりは判断能力が下がっていくのだと思います。

だからおすすめしたいのは、朝時間の有効利用。ノートについて言えば、今日は夢のために何ができそう?、ゴールまであとどれくらい?、最近の私、ちゃんと夢に向かえているかな、など「考える」作業ができるとベスト。考えながらノートを書く時間にしてもいいし、リラックスしながら思い浮かんだキーワードをスマホにメモするのでもいいでしょう。夢を膨らませたり予定を立てたりするのは朝、それを実行するのは日中以降、振り返ったり書きつけたりするのは夜、というのが今の私のリズム。早起きも最初は大変かもしれませんが、叶えたい夢と結びつけ、「自分の大好きなことをする時間が増える」と思えば前向きにできる気がします。

夜はほかにも、絵の練習や色塗り、体重や起床・就寝時間の記録など、淡々した作業に向いています。することと相性のいい時間を選ぶと、ノートも効率が上がります。自分に合う時間帯を探りながら、楽しんで取り組んでもらえたら嬉しいです。

COLUMN

やっと見つけた自分にフィットするノート術

はじまりは小学三年生。りぼんの付録についていた『ケロケロちゃいむ』のノートでした。書いていたのは、「リコーダーのテストがうまくいきますように」、「明日雨が降ってマラソンがなくなりますように」など些細な願いごと。今の私は、書くことを一種の祈祷だと考えていますが、その頃から書くと願いが叶うと思っていた節があります。

中学校に入ってからは、友達と遊びに行くのにどんな服を着るか考えたり、人間関係について感じたことを書きつけたり。振り返ると、この頃から今のノートと同じような使い方を始めていたのだと思います。手持ち服を

大学生の頃の就活手帳。表紙がバインダー的役割を果たすので重宝していた。

中学生〜高校生
手持ち服を書き出してコーディネートを考えたりしていた。

『りぼん』の付録の初めて使った日記帳。

書き出したりコーデを事前に考えるのも、高校生の頃に始めた習慣です。

大学に入ってからは、将来何をしようかという悩みが生まれて、自己分析に使う役割が加わりました。「脳内解剖図」を書き始めたのもこの頃で、自分を深く知るために書く作業は、社会人になってからも同じように続いています。

2015年1月からは、ほぼ日手帳を使い始めました。したいこと、叶えたい夢、目標、着る服、欲しいもの、考えたこと、自分について……。小学生から社会人になるまで書いてきたさまざまなテーマを、必要なときに必要なかたちで書くようなスタイルです。これが約20年の月日で育ててきた、私なりのノート術かもしれません。

2015年1月から
身軽になるために
1日1ページ書き始める。
LIFE
NOBLE NOTE
RULED
100 SHEETS
2016年からほぼ日カズン。
体験の記録ややりたいことリスト。
大きいので絵ものびのび描ける。
社会人になってからの日記帳。
書く内容が仕事にシフト。

おわりに

きっと人は、自分の人生が押し広げられていくと感じるその瞬間に高揚感を覚えるのではないでしょうか。

「あれをやってみたらもっとワクワクするのでは?」

新しいことを思いつき、ドーパミンのようなものが溢れ出し、自分が広がっていく感覚。私はその感覚を、ノートの力を借りて育てることができました。

自分の人生をどう使うか。
歳を重ねるとともに深く考えるようになってきているテーマです。
家族のため、友人のため、誰か大切な人のため生きる。
それもとても尊いと思います。でも同じくらい、
自分のためにエネルギーを使うのも尊いこと。
自分の魂を喜ばせる時間を、毎日少しでも確保できたら
人生がもっと楽しくなるはず。

そう思って私はノートを続けています。

夢に大小はありません。自分の気持ちを大切に、
生きたい道に少しでも近づけるようこの本が役に立ったら幸いです。

読んでくださった皆様が、ノートの力を活用しながら
人生を味わい尽くしてくだされば、これ以上嬉しいことはありません。

最後に、この本づくりを導いてくださったエクスナレッジの斎藤さん。
文通のようなアイデアのやりとりは、脳みそが汗をかいている
のではないかと思うほどワクワクする時間でした。
装丁とデザインを担ってくださったアルビレオの皆様、
関わってくださった全ての方、
そしてこの本をお手にとってくださった方へ、
心から感謝申し上げます。
本当にありがとうございました。

おふみ

夫婦2人暮らし。物を捨てられない性格で
散らかった家に暮らしていたが、
「身軽になりたい」という一心でミニマリストに。
1日にひとつ物を手放し、ほぼ日手帳に記録。
ブログ『ミニマリスト日和』で公開したところ、
月間120万PVの得て人気を博す。
著書『ミニマリストの部屋づくり』(エクスナレッジ)、
『ミニマリスト日和』(ワニブックス)など。

http://mount-hayashi.hatenablog.com/
Instagram&twitter　@ofumi_3

夢をかなえるノート術

2017年12月11日　初版第1刷発行
2018年 1月 9日　　　第2刷発行

著　者　おふみ
発行者　澤井聖一
発行所　株式会社エクスナレッジ
〒106-0032　東京都港区六本木7-2-26
http://www.xknowledge.co.jp/

問い合わせ先
編　集　TEL：03-3403-1381　FAX：03-3403-1345
販　売　TEL：03-3403-1321　FAX：03-3403-1829
MAIL：info@xkowledge.co.jp

1日に1つのモノと向き合う

次回予告

次回予告

今日の短冊

今日の短冊

私服の制服化

↑日付を書いてね

歳の偏愛マップ

脳内解剖図

月のゆるい目標

1 2 3 4 5 6 7 8 9 10 11 12

やりたいこと考えるだけでワクワクするリスト

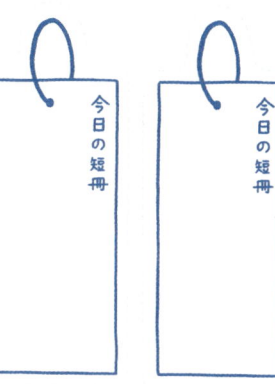

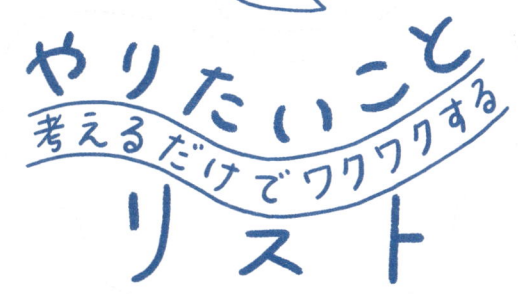